U0870558

地方院校产教融合赋能乡村振兴研究

段雪辉　戴笑笑　著

中国纺织出版社有限公司

图书在版编目(CIP)数据

地方院校产教融合赋能乡村振兴研究 / 段雪辉，戴笑笑著.-- 北京：中国纺织出版社有限公司，2023.4

ISBN 978-7-5229-0525-9

Ⅰ.①地… Ⅱ.①段… ②戴… Ⅲ.①地方高校－产学合作－作用－农村－社会主义建设－研究－中国 Ⅳ.①G649.2②F320.3

中国国家版本馆 CIP 数据核字（2023）第 069494 号

责任编辑：张 宏　　责任校对：高 涵　　责任印制：储志伟

中国纺织出版社有限公司出版发行
地址：北京市朝阳区百子湾东里 A407 号楼　邮政编码：100124
销售电话：010—67004422　传真：010—87155801
http://www.c-textilep.com
中国纺织出版社天猫旗舰店
官方微博 http://weibo.com/2119887771
三河市宏盛印务有限公司印刷　各地新华书店经销
2023 年 4 月第 1 版第 1 次印刷
开本：787×1092　1/16　印张：9.5
字数：189 千字　定价：98.00 元

前　言

地方院校产教融合赋能乡村振兴战略是增强新时代教育适应性的重要举措。地方院校产教融合赋能乡村振兴战略，旨在按照乡村振兴战略的总要求，增强新时代地方院校的适应性，通过深化地方院校与乡村振兴之间的耦合关系，构建校村合作发展命运共同体，为统筹促进乡村经济、乡村产业、乡村人才、乡村生态、乡村社会、乡村治理、乡村教育、乡村文化等融合发展增值赋能、提质增效。当前，地方院校专业体系、人才培养规格和社会服务供给与乡村振兴的产业发展、人才需求、社会治理等存在不匹配的问题。地方院校要通过深化产教融合更好地赋能乡村振兴，必须以“面向乡村”“干在乡村”“反哺乡村”为基本方向，进一步强化校村产教融合顶层设计，加快校村产教融合体制机制改革，创新校村产教融合模式。

本书第一章对地方院校产教融合的理论基础进行了相关阐述，第二章对地方院校产教融合的利益相关者进行全面的分析，第三章对产教融合质量评价体系的构建进行了研究，第四章为地方院校产教融合与乡村振兴关系研究，第五章围绕乡村振兴地方院校产教融合型实训基地建设的实践探索，第六章探究了在产教融合和乡村振兴中实现地方院校与乡村协同创新，第七章以某地方院校为例论证了地方院校产教融合赋能乡村振兴。本书结合理论与实践对地方院校产教融合赋能乡村振兴进行全面的研究，上到顶层设计下到基础逻辑，内容翔实，具有创新性。

为了保证本书内容的丰富性与研究的多样性，在成书的过程中作者参阅了大量相关文献资料，并从中获得了很多启示。另外，由于作者时间和精力有限，书中难免会有不足之处，敬请广大读者给予批评、指正！

著　者

2023 年 3 月

目　　录

第一章　地方院校产教融合的理论基础 …… 1

第一节　产教融合的相关理论 …… 1

第二节　产教融合的依据与原则 …… 8

第三节　产教融合的特点与作用 …… 18

第二章　地方院校产教融合的利益相关者分析 …… 27

第一节　地方院校的利益分析 …… 27

第二节　行业企业的利益分析 …… 29

第三节　教师学生的利益分析 …… 33

第三章　产教融合质量评价体系的构建 …… 37

第一节　地方院校产教融合的现状分析 …… 37

第二节　当前地方院校产教融合的评价分析 …… 48

第三节　新型地方院校产教融合质量评价机制的构建 …… 51

第四章　地方院校产教融合与乡村振兴关系研究 …… 61

第一节　乡村振兴的内涵和时代背景 …… 61

第二节　地方院校与乡村振兴的关系 …… 65

第三节　地方院校产教融合助推乡村振兴的路径选择 …… 68

第四节　地方院校产教融合推进乡村产业升级的思考 …… 71

第五节　乡村振兴推进地方院校人才培养的思考 …… 73

第五章　围绕乡村振兴地方院校产教融合型实训基地建设的实践探索 …… 77

第一节　乡村振兴产教融合型实训基地建设的意义 …… 77

第二节　乡村振兴产教融合型实训基地的界定功能与评价 …… 79

第三节　乡村振兴产教融合型实训基地的现状与问题分析 …… 84

第四节　乡村振兴产教融合型实训基地建设的优化与完善策略 …… 86

第六章　在产教融合和乡村振兴中实现地方院校与乡村协同创新 …… 115
第一节　产教融合与协同创新的关系 …… 115
第二节　地方院校与乡村协同创新的机制与模式 …… 118
第三节　在产教融合中实现协同创新的实践策略 …… 121
第七章　地方院校产教融合赋能乡村振兴实证研究——以某地方院校为例 …… 129
第一节　国内外地方院校参与乡村振兴实践的情况分析 …… 129
第二节　某地方院校产教融合赋能乡村振兴的背景 …… 137
第三节　某地方院校产教融合赋能乡村振兴的实施情况 …… 139
第四节　新时代地方院校产教融合赋能乡村振兴的举措 …… 141
参考文献 …… 145

第一章 地方院校产教融合的理论基础

产教融合是指产业与教育之间的一种融合状态，地方院校作为高等教育体系的重要组成部分，要积极参与和主动回应产教融合，地方院校产教融合赋能乡村振兴的研究可以从产教融合理论、产教融合依据与原则、产教融合的特点与作用这三方面的基础理论内容进行研究。

第一节 产教融合的相关理论

一、杜威实用主义教育理论

（一）杜威的实用主义哲学

杜威是美国实用主义哲学的集大成者，杜威的实用主义教育思想正是在实用主义哲学的基础之上产生和发展起来的。杜威认为传统的哲学思想把经验当作知识来解释，这是哲学认识论中的“二元论”。杜威在对“二元论”进行批判的基础上提出了一种新的、全面的经验理论，进而构建起了极其丰富的实用主义理论体系。杜威认为，经验、环境和自然这三个主体之间的关系应该是统一且不可分离的，思想或者意识是指导人们去从事某一种行为的工具，而判断一种思想或者意识能否成为真理就要看这些思想或者意识能否指导人类在生活中取得成功。与此同时，杜威还认为人类的经验一直都是客观存在的，它需要人类去不断地挖掘和探索，没有这些经验就不会造就某种社会环境，社会环境是产生在人的经验之后的。杜威的这种对于人的经验和周围环境之间关系的认识从根本上否定了客观环境不依赖于主观意识的存在而存在的真理，这是杜威所发展的新的实用主义哲学思想中出现的弊端。但是不可否认的是，杜威所提出的新的实用主义哲学思想是与当时美国的国情相结合的，是完全符合当时美国社会发展需求的一种哲学思想。它对于美国整个社会的影响和推动作用是相当巨大的。

（二）杜威实用主义教育思想

杜威实用主义教育思想注重教育的实用性，认为教育的存在是为了更好地适应社会发展需要，学校开展教学活动、培养学生也是为了让学生能够更好地适应社会，所以为了达到这一教学目标，学校就应该与社会进行有效的衔接。一方面，学校本身应该成为一种社会的雏形，在这里，学生可以学到今后走进真正的社会中所需要的技能和知识，掌握与人相处的经验和本领；另一方面，学校不仅是学习的场所，也是进行社会民主活动的场所。与此同时，杜威的实用主义教育思想认为教育要从生活出发，反对将教育与生活剥离的教学行为活动，他认为接受教育的最好的方式就是在生活中不断地学习，而非直接告诉学生某种观点或理论，主张让学生通过生活中积累的经验以及不断的实践去探索更多的知识，教育活动必须与生活实践紧密结合。另外，杜威的实用主义教育思想强调教育活动应该在促进学生心智的成熟、知识的积累、道德水平的提高、思想的突破、生活技能的掌握等多个方面产生积极的促进作用。❶

杜威的实用主义教育思想将培养一批能够适应社会发展需要、掌握生存技能的学生作为教育的首要目标，认为学校教育要以经验为中心，要以活动为中心，更要让学校摆脱单纯的教学场所这一形式，让学校成为一种雏形社会，让学生在这个雏形社会里不仅可以学到今后走进真正的社会中所需要的技能和知识，还能够掌握与人相处的经验和本领，这些都充分体现了杜威的实用主义教育思想的实用效能性特征。杜威的实用主义教育思想充分体现了学生主体性的特征。这一特征非常容易理解，杜威强调学校的教学活动要以学生为中心而非以教师为中心，要在尊重学生个性发展的同时促进学生综合水平的提高，充分体现了学生主体性的特征。

（三）“从做中学”理论

杜威的实用主义教育思想充分体现了经验教育的特征。杜威的实用主义教育思想强调教育即生活，学校的教学活动要坚持在“做中学”，杜威认为教育活动必须与生活实践进行紧密结合，反对将教育与生活剥离的教学行为活动，这充分体现了杜威的实用主义教育思想具有经验教育的特征。

“从做中学”理论认为，人们“做”的兴趣和冲动都是以人为主体的。人们对知识经验的认识基于主体与客体经验的总结。正是基于此，他强调学校在教育的过程中应该设置成类似于雏形社会的地方，即开设好各类工厂、实验室、农场、厨房等，让学生们能够在学校这个“小型社会”环境之中更好地学习自己所感兴趣的专业和课程。为此，他还提出了在教学的过程中要安排和编创好实践生产场景的教学方式，即在场景教学之中，激发学

---

❶ 郭法奇．杜威与现代教育：几个基本问题的探讨［J］．教育研究，2014，35（1）：117－123．

生们的创造性思维，根据资料策略从场景活动入手，解决学生们在场景活动中所遇见的问题。这就是杜威所提出来的“从做中学”的教学理论。从杜威对整个教学的主张来看，他主张学生们需要在学校里获得生活和工作中的全部知识，他的这种教学理论对当时的社会教育来说具有很好的创新性，缺点是在其开展的过程中有一定的局限性。但在对地方工科院校产教融合培养实践型人力资源的研究中，产教的深度融合需要真正把产业与教学对接，强调了“做”与“学”相结合的重要性，地方高校，特别是工科高校在实践型人力资源的培养上要把理论与实际对接，加强实践、加强学生动手能力，杜威的“从做中学”理论贯彻了从做中学、从经验中学，要求以活动性、经验性的主动作业来取代传统书本式教材的统治地位。他的“从做中学”理论贯彻到我国的教育方面，将对我国教育中的管理理念、师生关系、教学方法、教学的评估方式等都具有非常深远的指导意义。

二、陶行知“教学做合一”理论

陶行知师承杜威，因此二者的教育思想有着密切联系。杜威的“教育生活”思想主要包括“教育即生活”“学校即社会”“从做中学”，陶行知的“生活教育”思想主要包括“生活即教育”“社会即学校”“教学做合一”三个方面。二者都强调教育与生活的密切联系，发挥教育在社会改造中的作用，主张创办学校践行其教育理念，注重教育的持续性。陶行知不仅传承杜威的教育思想，并且深受中国传统哲学思想的影响，特别是对王阳明的“知行合一”理念进行了深层次的学习，并且仔细研究了杜威先生的“从实践中学习”的学习理念，探索适合中国国情的教育途径。同时，陶行知结合当时中国具体的教育实情，在实践中不断完善，他根植于晓庄试验乡村师范学校，形成陶行知三大教育理论，即“生活即教育”“社会即学校”“教学做合一”。

（一）生活即教育

“生活即教育”是陶行知生活教育理论的主体，强调生活本身就是教育。陶行知认为“教育的根本意义是生活之变化。生活无时不变，即生活无时不含有教育的意义”。有生活便有教育，教育不能脱离生活。教育脱离了生活，便失去了教育的灵魂，教育就是死的。生活的性质和内容决定了教育的性质和内容，“过什么生活，便是受什么教育；过好的生活，便是受好的教育；过坏的生活，便是受坏的教育；过有目的的生活，便是受有目的的教育；过糊里糊涂的生活，便是受糊里糊涂的教育；过有组织的生活，便是受有组织的教育；过一盘散沙的生活，便是受一盘散沙的教育；过乱七八糟的生活，便是受乱七八糟的教育。换个说法，过的是少爷小姐的生活，虽天天读劳动的书籍，不算是受着劳动教育；过的是迷信生活，虽天天听科学的演讲，不算是受着科学教育；过的是随地吐痰的生活，虽天天写卫生笔记，不算是受着卫生的教育；过的是开倒车的生活，虽天天谈革命的行动，不算是受着革命的教育”。[1] 这一教育理论具有极强的时代性，对批判传统教育和反对旧式教育具有非常重要的意义和作用。

陶行知认为教育对生活具有积极促进作用，可以改变生活；教育也可以为生活服务，是可以作为促进生活向前、向上发展的动力。他认为完全可以为了生活而创办教育。陶行知说：“我们有吃饭的生活，便有吃饭的教育；有穿衣的生活，便有穿衣的教育”。教育不应该只是消极地适应生活，而应该对生活产生积极的作用，来促进和改造生活，“教育就是生活的改造”。教育是教人化人，化人者也为人所化，教育总是互相感化，“互相感化，便是互相改造”，所以“我们一提及教育便含了改造的意义”。

归纳来讲，陶行知的“生活即教育”强调教育与生活是辩证的关系，二者相互作用、不可分割。

（二）社会即学校

“社会即学校”理论是“生活即教育”理论的进一步延伸，是从社会组织角度而言的。“生活即教育”强调生活就是教育，而社会处处是生活，社会处处便有教育。那么可以认为，社会是生活的场所，社会也应当是教育的场所。社会本身便是教育，是学校。

陶行知的“社会即学校”理论强调生活教育不仅局限于学校，而应该是整个社会。教育是学校教育、家庭教育和社会教育的三者结合。他反对把教育与学校捆绑在一起，反对以“死书本”来施行“死教育”，对旧式学校、旧式教育要进行根本的改造，将学校教育与社会教育融合在一起。陶行知对旧式教育有一个很形象的比喻：“认为把社会里的东西选几样缩小后放到学校里去的做法只是使一只小鸟笼变为一只大鸟笼，但它总归是一只鸟笼，不是鸟世界。生活教育者的做法是把墙拆去，承认社会即学校，这种学校是以青天为顶，大地为底，二十八宿为围墙，人人都是先生，都是学生，都是同学的学校。只有这样，凡是生活的场所，都是我们教育自己的场所，那么，我们所失掉的是鸟笼，而所得的倒是伟大无比的森林了。”[2]

“社会即学校”理论强调要把读书教育转变为实践教育。陶行知批评传统的学校被局限为仅仅是读书的地方，狭隘地将读书与教育混为一谈，忽视了教、学、做一体化，是不可能实现教育的最终目的。要实现教育的目的，必须做到“社会即学校”，对传统的仅以读书为教育的学校教育进行彻底改造。“整个的社会活动，就是我们的教育范围，不谈什么联络，它的血脉是自然相通的。”“老教育坐而听，不能起而行，新教育却是有行动的。”传统的学校教育面向的是有限的，“是为读书而读书”的“小众教育”。“从大众的立场上看，社会是大众唯一的学校，生活是大众唯一的教育。大众必须正式承认它，并且运用它

[1] 江苏省陶行知研究会．南京晓庄师范学校陶行知文集（修订本）［M］．南京：江苏教育出版社，2001.

[2] 方明．陶行知全集·第三卷［M］．成都：四川教育出版社，2005.

来增加自己的知识，增加自己的力量，增加自己的信仰。”实现了“社会即学校”，把整个社会当作学校，“这么一扩大，学校自然也很广大了，教师也多，功课也繁，至于学生的范围也就更多了。因而教育的效果也就更实在了”。

（三）教学做合一

陶行知在“生活即教育”和“社会即学校”的理论基础上，提出了“教学做合一”的著名论断。这是“生活即教育”和“社会即学校”理论的实施路径与方法，是陶行知教学方法的总结归纳。“教学做合一”是在对传统教育中脱离生活、脱离实际的做法进行批判的基础上不断总结而来，陶行知一生对该论断阐释最多，也进行了实践的检验。陶行知认为：“教的法子根据学的法子，学的法子根据做的法子。事怎样做便怎样学，怎样学便怎样教。教与学都以做为中心。”他认为，“做是发明，是创造，是实验，是建设，是生产，是破坏，是奋斗，是探寻出路”“做的最高境界是创造”，是教师教和学生学的过程的中心。关于行动、思想和创造三者的关系，陶行知有一个形象的比喻：“行动是老子，思想是儿子，创造是孙子。”“行动是中国教育的开始，创造是中国教育的完成。”行动的教育是要让学生从小做起，从小就要学用玩具，学制造玩具、学具、工具等，而不是在传统教育的死记硬背上下功夫从而丧失了行动和创造的本能。

陶行知教育理论对以市场需求为导向的产教融合教育模式具有很强的指导作用。他的三大教育理论体现了知识与市场、教育与社会、理论与实践同频共振的理念。当前，地方高校办学同质化倾向严重，重理论轻实践的教育模式导致学生实践能力薄弱，动手能力较差，与产业发展需求不适应。我们必须借鉴陶行知的教育理论，不断改革学校教育，使学校教育能够适应经济社会发展的要求。

三、福斯特职业教育理论

20 世纪 60 年代，西方“发展经济学”盛行，以英国经济学家巴洛夫为代表的主流学派认为，发展中国家可采用政府主导的、集中的、非市场化的计划经济手段以促进经济增长。反映在教育理论方面，则建议学校根据政府发展计划和人力资源预测来有计划地进行人才培养，为经济发展提供人力资源储备。这一理论得到了联合国教科文组织和世界银行等一些国际组织的支持，并一度为发展中国家的经济和教育提供了模式借鉴。长期致力于发展中国家教育理论研究的专家福斯特针对以巴洛夫为代表的主流派观点，发表了《发展规划中职业教育的谬误》一文，其主要观点已经从当年的少数派成为当今职业教育界最有影响的主流学派。

（一）职业教育要以市场需求为导向

福斯特认为，受教育者的市场需求是职业教育发展的目标，要以受教育者的就业机会和就业后的发展前景作为评判职业教育发展的最关键因素。因此，职业技术教育的发展必须以劳动力就业市场的实际需求为出发点。福斯特认为，“发展经济学”主导的教育存在培养过程和培养目标与社会需求脱节的问题，他把这一现象总结为“技术浪费”。福斯特对造成“技术浪费”的因素进行了分析，主要有三点：一是国家计划滞后于市场需求，导致国家为促进经济社会发展开展的人才培养不能被市场吸收和消化；二是学校培养与市场需求脱节，学非所用，学校教育不能很好地匹配岗位需求；三是受教育者不满足于预期就业目标，造成教育预期落空，导致“技术浪费”。❶ 这种计划经济主导下的教育模式对促进发展中国家短期发展起到了积极作用，但是，从长远来看，由于发展中国家的资源更加有限，因此这种“浪费”更应该加以足够的重视。

（二）计划经济下的计划教育不能解决职业教育根本问题

以巴洛夫为首的主流派认为，通过学校课程的职业化可引导学生的职业志愿，从而避免学生不切实际的就业愿望，减少失业。福斯特则认为，学生的职业志愿更多地由个人对经济交换部门就业机会的看法决定，学校课程本身对这一选择过程并无多大的影响；失业的原因并不简单地是学校课程上的缺陷，很大程度上是劳动力市场对受训者缺乏实际需求。福斯特认为，基于简单预测的“人力规划”不能成为职业教育发展的依据。20 世纪 60 年代是“人力规划”最时兴的时期，大规模人力预测成果作为各级各类教育与人才培养的依据，对职业教育影响尤为突出。福斯特对此持批评态度。首先，他对人力预测的准确性表示怀疑，他认为“经济交换部门的增长率是很难准确估计的”；其次，他对人力规划的后果表示担忧，因为一旦经济增长率不足以吸收和消化人力规划所培养的人才，不仅会造成人力物力浪费，还会加重社会上的失业状况。应当指出的是，在计划经济下大规模的计划是行不通的，但与实际发展密切相关的小规模的培训计划还是应提倡的，福斯特反对的是那种脱离市场的“大规模的”人力规划，他支持那种“与实际发展密切相关的”“小规模的”职业教育计划。这也是他所强调的“职业教育发展必须以劳动力就业市场的实际需求为出发点”。❷

（三）反对学校形态的职业教育

巴洛夫等主张发展中国家用职业学校培养初、中级人才。福斯特则从职校体制内部指出“学校形态”职业教育办学方式的局限性和一些自身难以克服的缺陷：职业教育办学成本高，发展中国家不适合开展职业教育；职业教育的办学成本主要在仪器设备方面，而发展中国家职业教育满足不了设备需求；发展中国家职业学校的学生不甘放弃升学的希望，

---

❶ 石伟平．福斯特的职业教育思想及其影响［J］．外国教育资料，1995（2）：56－62.

❷ 周正．福斯特与巴洛夫论战对我国职业教育发展的启示［J］．外国教育研究，2006（3）：57－62.

把职业教育课程作为升学的奠基石，学生志愿与职业教育规划者期望相悖；学校所设课程往往与就业岗位所需经验格格不入，所学技能往往与现实职业要求不符，职业培训与职业工作情景不相关；不易找到合适的师资等。另外，职业学校的学制较长，一般要三年左右，不能对劳动力市场作出迅速而灵活的反应。[1] 正是由于以上原因，福斯特提出“职业学校谬误”论，认为学校本位的职业教育最终难免失败的命运，因此，就结果而言，职业学校只能是一种“谬误”。因为反对学校形态的职业教育，福斯特认为，发展企业本位的在职培训计划要比发展正规的职业学校“更加经济”“更少浪费”，因为企业比职业学校更了解培训“产品”的规格和要求，而且企业有提供在职培训的良好条件。

（四）倡导“产学合作”的办学形式

基于“职业学校谬误”论，福斯特认为，职业教育在人才培养上有规模效益，但鉴于职业学校本身一些难以克服的缺陷，必须对职业教育进行改造。最重要的措施是走产学合作的道路。如改革课程形式，倡导实施工读交替的“三明治”教学模式；实践课尽量在企业进行，缩小正规学校职业教育与实际工作情景之间的距离等。另外，在生源方面，可招收在职人员。总之，职业教育和培训逐渐从学校本位走向产学合作。

（五）提出职业教育与普通教育互补关系

同样受“职业学校谬误”论的影响，福斯特指出，职业教育要以普通教育为基础。随着社会生产力水平的提高，生产过程要求劳动者具有更为深厚的文化基础知识。学生具备扎实的文化基础也有助于提升其以后的继续教育能力和职业转换能力。因此，要在扎实的普通教育基础上开展职业教育。福斯特同时反对巴洛夫提出的普通教育职业化，他认为在普通学校增设职业课程，实现“普通教育职业化”，既达不到普通教育的目的，也达不到职业教育的目的，发展中国家不应采用这种形式的职业教育。

虽然福斯特职业教育思想主要产生于20世纪60年代中期，但其中的许多观点今天来看仍然具有强大的生命力。如“职业教育必须以市场需求为导向”“计划教育不能解决职业教育根本问题”“要在扎实的普教基础上开展职业教育与培训”等，被证明依然符合当前职业教育发展的实际。特别是，福斯特认为“对职业学校进行改造，走产学结合的办学道路”，更是一种先进的办学理念，因为职业教育不同于研究型的高等教育，它不需要太多的超前理论，而是更多地注重于生产实践，技能重于研究，动手操作重于理论思维。所以，注重“产学合作”，加强对职业学校学生动手能力的培养是一个永恒的主题，也是当前世界范围内对职业教育的一个主流认知。

然而，福斯特职业教育理论主要是基于当时非洲几个发展中国家职业教育发展的实践

[1] 孙帅帅．国外关于巴洛夫职业教育思想的研究综述［J］．职业教育研究，2019（8）：87－92．

得出的，难免具有局限性。其局限性的核心是几乎全盘否定了学校形态的职业教育。福斯特对学校本位的职业教育持否定态度，显然是不符合我国实际情况的，这一点已无须怀疑。学校本位的职业教育作为我国教育的一种基本形式，已被职业教育法规定，在现实中，职业学校仍然是我国职业教育中的办学主体。学校形态的职业教育有其难以取代的优势，除了有人才培养的规模优势外，关键是在培养学生的文化基础、人文素质等方面是其他形式的职教不可比拟的。即使在发达国家，学校形态的职业教育仍是当今职业教育的主流。虽然学校形态的职业教育有其局限性和一些缺陷，但可通过改革办学形式、课程体系、教学方式等手段加以弥补。再者，在多元化的社会，不同国家和同一国家的不同地区，人们对职业教育的需求也是多方面的，应该提倡多元化的职业教育办学形式。

第二节　产教融合的依据与原则

一、产教融合的依据

（一）政策依据

自党的十八大以来，我国各领域启动综合改革，在教育综合改革方面，中央提出要通过高等教育改革，发挥企业在教育领域的重要主体作用，以加快培养高素质创新人才和技术技能人才为目标，构建服务实体经济、科技创新、现代金融、人力资源协同发展的教育体系，促进人才培养供给侧和产业需求侧结构要素全方位融合，增强产业核心竞争力，为汇聚发展新动能提供有力支撑。

我国高等教育受体制影响，人才培养的输入与社会产业的需要存在结构性矛盾，教育质量无法适应产业快速发展，所谓“两张皮”的问题长期存在。为解决教育服务经济社会发展能力不足的现状，2017 年，国务院办公厅印发了《关于深化产教融合的若干意见》，明确提出要以产教融合为解决路径，解决教育链、人才链与产业链、创新链缺乏贯通的问题，并指出将产教融合作为整个教育体系改革的抓手，作为人力资源供给侧结构性改革的推动力，对新发展阶段提高高等教育质量，提高学生就业创业能力，推动产业转型升级，培育新的发展动能具有战略性意义。

《关于深化产教融合的若干意见》（简称《意见》）特别指出：“完善世界一流大学和一流学科建设推进机制，注重发挥对国家和区域创新中心发展的支撑引领作用。健全高等学校与行业骨干企业、中小微创业型企业紧密协同的创新生态系统，增强创新中心集聚人才资源、牵引产业升级能力。适应以城市群为主体的新型城镇化发展，合理布局高等教育资源，增强中小城市产业承载和创新能力，构建梯次有序、功能互补、资源共享、合作紧密的产教融合网络。”

2019年，中央全面深化改革委员会第九次会议上审议通过了《国家产教融合建设试点实施方案》，进一步明确通过深化产教融合推进高等教育改革、加强人才队伍建设和创新产业发展的战略性举措。这些改革举措坚持以问题为导向，改变了高校单一作战的思维定势，通过发挥政府统筹推动和市场配置资源的决定性作用，着重发挥“城市承载、行业聚合、企业主体”作用，统筹部署、协调推进。具体提出通过5年左右的努力，试点布局50个左右产教融合型城市，在试点城市及其所在省域内打造一批区域特色鲜明的产教融合型行业，在全国建设培育1万家以上的产教融合型企业，建立产教融合型企业制度和组合式激励政策体系。

人们普遍认为产教融合是高校与行业企业通过资源共享、优势互补，满足自身发展需求，促进教育链、人才链、产业链和创新链的有机衔接。目前，由于企业参与人才培养的积极性不高，高校重理论轻实践的教育缺陷还没有从根本上建立教育与企业统筹融合、良性互动的格局。为此，《意见》提出“四位一体”政策措施，进一步明确企业是产教融合的重要主体，高校人才培养改革是推动产教融合的主线。同时，《意见》还明确提出政府在统筹规划中的作用和市场经济在资源配置中的决定性作用。建立了高校、政府、企业、社会组织四位一体的产教融合框架，进一步推动产教融合进入新阶段。

高等教育的改革本质是贯彻落实好党的教育路线、方针和政策。地方高校要紧紧抓住我国实施产教融合战略的机遇期，通过开放办学打破原有的办学藩篱和思维固化模式，整合办学资源，不断提高综合运用社会各界资源的能力，在宏观层面实现教育与产业的融合，在微观层面实现教学与生产的融合。地方高校要将产教融合作为学校教育教学改革的核心目标、主要途径和重要内容，更好地为新常态下我国经济社会发展和产业结构优化升级提供人才保障。

一个时期以来，地方高校在推进产教融合方面同一流大学和地方院校相比普遍存在较大差距，既没有像一流大学着眼国家需求引领学科前沿，也没能像地方院校对接企业需求培育大量技术技能人才，人才需求侧和教育供给侧之间始终没有形成良性互动。产教融合是推动高等教育与经济社会协调发展的有效举措，是地方高校实现转型发展、可持续发展的必经之路。

高等教育的改革本质是贯彻落实好党的教育路线、方针和政策。国家明确提出了高等教育应成为产教融合的主体，应用型和研究型高校都要发挥产教融合主力军的作用，并从国家治理角度将产教融合作为高等教育改革的制度性安排，突出产教融合在新一轮人才培养中的关键作用。因此，地方高校要明确产教融合是今后一个时期推动高等教育内涵发展的方针政策。

（二）大学逻辑依据

无论古今中外，大学的理念从其诞生之日起就开始不断演化。但是以知识逻辑、政治逻辑和经济逻辑为中心的讨论始终贯穿其中。

1. 知识逻辑

以英国的纽曼为代表的知识逻辑论者认为大学的职责在“传授”学问，而传授学问的目的在于“提高社会的知识风尚，培育公众的心智……为大众的渴求提供确定的目标”。[1]他关于大学理念的观点影响了一代又一代的大学校长和高等教育研究者。在高等教育日益市场化和功利化的今天，大学陷入激烈的外部竞争和大规模扩张中，大学最初的办学理念和独立之精神已经被大多数人慢慢遗忘了。首先，纽曼认为：“知识是作为一个整体而存在的，单一的科学不过是整体的一个组成部分。”这说明纽曼的“知识论”是“泛知识论”，人类现存的一切文化成果都是知识，即所谓的“普遍知识”。其次，在纽曼看来：“一门科学作为整体的一部分而存在时的意义，大大超出了作为一门没有其他保障的孤立的科学所产生的意义。”所以，纽曼更看重的是整体的价值而非局部的价值，这也就不难理解为什么纽曼提倡内涵广泛的“自由教育”，而非单一的专业教育。最后，对于“本身即为目的”的这一类知识，纽曼称其为“自由知识”，并且肯定地认为“接受大学教育的目的就是为了获取这种知识”。这种知识是带有哲学特性的，学生不仅能够通过感官领悟到，还能对观察到的东西进行严密的逻辑推理，最后根据观察所得可以形成自己的观点和知识。

在纽曼看来，教学与研究是相分离的。在纽曼的概念里，教学就是把现有的知识传授给学生，而研究则是探寻真理和获取新知识。所以，纽曼认为：“整天忙于把自己现有知识传授给学生的人，不可能有闲暇和精力去获取新的知识。”于是教学便成为大学唯一的职能，对于这唯一的职能纽曼同样提出了很多独特的见解。

纽曼认为：“大学从单纯的概念来说……其职能是理智教育。”纽曼理想中大学的教学职能应该是让学生接受自由教育，即通过传授自由知识培养学生的理智以使其获得才智拓展。其中关于“自由”的含义，纽曼打了这样一个比方：“在希腊，赛马曾是一种自由的锻炼，而一旦用来赌博，便失去了其社会历史地位。”也许他觉得还不够清楚，又引用了古希腊著名哲学家亚里士多德的一段话来概括：“在你拥有的东西中，有用的东西带来收益，自由的东西可以享受。所谓收益，我指的是能获得收入；所谓享受，则除了使用之外，不会带来任何结果。”这里面包含了两种价值观，即实用与自由；对应的是两种知识，即实用知识和自由知识；对应了两种教育目的，机械的和哲学的。纽曼认为：“实用的并不见得总是好的，但好的却必定是实用的，虽然自由教育并非专业教育，可是却具有真实

---

[1] 克拉克·克尔．大学之用［M］．5版．高铦，高戈，汐汐译．北京：北京大学出版社，2019．

和充分的实用性，其目标在于造就理智完美的绅士。”

德国的洪堡也是知识逻辑的捍卫者。他认为，大学的目的在于传授和发展知识，而教师的任务是为了“创造性的学问”。在洪堡的大学理念中，大学与学术是分不开的，而学术就意味着探索和研究。这是西方大学发展史中的一个重要转折。产生于中世纪的大学从来都是以保存和传承既有的知识为使命的[❶]。而洪堡把学术看作是一个探索知识的过程，而探索就是研究。这就重新定义了大学的角色，大学除了传统的教学职能外，还增添了一项新的职能，即科学研究。对洪堡来说，学术和研究是大学的关键所在，没有学术研究，就谈不上大学。我们今天所说的“研究型大学”，其实就可以追溯到洪堡。所谓“教学与科研的统一，其实是用学术研究统领大学的活动，包括教学活动。既然知识是不断发展的过程，大学的教学就不能满足于提供已有的、现成的知识，而应当去探索发现新的知识。不仅大学教师，学生也应当参与到这种探索的过程中来，所以教学和研究是不能分开的，教学就是教师带领学生学习知识和进行研究的活动”。

洪堡从人文主义知识观和哲学角度出发，还认为知识是一个整体，对任何具体知识的思考和探求，都应该在知识整体的框架下进行。所以，大学教育不是专业教育和针对某种职业的教育。同时，大学中的知识是纯的知识，是关于人类和世界的思考，不关乎实际的实用和职业的目标。

总之，以知识逻辑为中心的讨论始终以传授、发展、创新知识作为大学的核心价值，并以此与政府、资本进行博弈。知识逻辑是大学的根与魂，是大学的内生逻辑。在当下的知识社会中，社会对知识的需求不断更新，但是知识创新、科学研究、探索未知的基本逻辑并没有因此而改变。如果大学只满足于既有的传统知识，只满足于信息的传递，而不去激起学生探索未知的好奇心和热情，不传授学生如何去独立自主地学习、研究和探索，那我们的大学就还是填鸭工厂。如果我们的大学教师满足于照本宣科地念给学生们一些书本知识，或满足于若干短平快的委托课题，或满足于按数量发表的几篇文章，那么我们的大学就会永远脱离社会，止步不前。

2. 政治逻辑

以政治逻辑为中心的讨论也是大学理念演化的一部分。政治逻辑注重大学的工具属性，认为大学传播和创新知识的目的在于为政治服务。马克斯·韦伯的科层制为“法理权威运作最纯粹的类型”，是西方社会理性化精神的重要体现。韦伯的科层制不是日常意义上的文牍主义、墨守成规、效率低下的组织现象，而是指一种理想类型的组织结构的行为模式。韦伯认为，科层制是合理化的产物，推进了合理化的发展。反之，合理化则是科层制实现的保证。二者是不可分割的统一体。

---

❶ 陈洪捷．洪堡大学理念的影响：从观念到制度——兼论“洪堡神话”［J］．北京大学教育评论，2017，15（3）：2-9，188.

以马克斯·韦伯的科层理论为指导，政府对大学的改革以行政化为基本走向，行政化提高了大学的办学效率，拓展了大学的生存和发展空间，是近代以来中外大学蓬勃发展的主要原因之一。但是行政化也导致大学“官本位”现象严重，大学知识属性式微，反而影响了大学的内生逻辑。❶

大学与行政化一直也是我国高等教育颇为关注的话题之一。我国大学行政化的形成有着不可忽视的历史因素和制度因素。因此我们在探讨当前大学行政化问题的原因时，首先应从历史和制度的角度去探寻。1949 年中华人民共和国成立之后所进行的高等教育改革以及在改革基础上建立的高度计划性、统一性、集权性的高等教育制度开启了我国高等教育行政化的发展历程。政府与大学是行政上的上下级关系，政府对大学的领导覆盖从人事、财务到教学的全部领域，大学彻底地被行政化了。20 世纪 50 年代初建立的高度计划、统一、集权的高等教育管理体制是大学行政化的重要制度基础。这种高等教育管理制度在此时形成也适应了计划经济体制的需要。此外，从文化角度看，众所周知，中国自古以来就有“学而优则仕”的传统，能否“入仕”成为是否学有成就的主要评判尺度。在当下，基于高度集中、行政化的国家管理模式，政府按照行政序列管理社会组织，按照行政级别管理干部与公职人员，在此之上构筑了一个层级分明的行政管理“金字塔”；不仅如此，在高度集中的行政管理之外，政府还拥有资源配置的绝对权威，因此“官本位”的文化传统得到了进一步的加强，并固化在制度文化之中。在这样的社会文化氛围下，大学行政化的形成就是一种必然了。

3. 经济逻辑

20 世纪初，著名的威斯康星思想（Wisconsin Idea）创造性地提出了大学除教学和科研之外的第三大功能——社会服务，强调大学要为区域经济发展服务，强调打破传统大学的封闭状态，将大学推向了社会的中心，关于大学经济逻辑的讨论也正式展开。经济逻辑的价值核心是效益，是政治逻辑的进一步发展和延伸，也是大学市场化的必然结果。经济逻辑强调大学从社会获取资源，就必须回馈社会，为社会需求培养人才。

经济逻辑论认为，人类社会经历了农业经济时代、工业经济时代，现正走向服务经济时代。经济形态是社会生产力与人类需求演进互为因果的产物。第二次世界大战以后，斯坦福大学科技园——硅谷模式的成功，再一次将大学的边界延伸、拓展。今天，在大学、产业与政府的三重螺旋中，大学的边界已与产业的边界、政府的边界交织在一起，政府、产业与大学已是你中有我，我中有你。❷ 教育服务社会不仅仅是消费性服务，更重要的还包括生产性服务。生产性服务，不是直接满足最终消费的需求，而是满足商品和服务的生

❶ 袁祖望，付佳．从官僚制到官本位：大学组织异化剖析［J］．现代大学教育，2010（6）：48-51.

❷ 徐辉，王正青．大学-产业-政府的三重螺旋：内涵、层次与大学的变革［J］．西南大学学报（社会科学版），2007（5）：115-119.

产者对服务的中间使用的需求。通过企业服务，服务业加快工业化。现在，制造业逐步服务业化，企业向服务提供商购买中间服务，从而简化、加速生产过程，实现最大限度的价值增值。农业也是如此，西方发达国家的农业已经服务业化，服务提供商为农场主提供农业生产所需要的几乎所有服务，农场主通过电脑操作、控制即可以进行生产。

从我国高等教育现状看，高等教育大众化标志着我国高等教育发展进入了一个新的阶段。“量的增长必然引起质的变化。”随着大众化的发展，高等教育的功能、分类，高等学校的理念、定位及其教学和科研模式、制度和组织形式、资源配置方式等都应随之发生变化。但从现实情况来看，变化并不明显，高等教育的发展远未达到社会经济发展的要求。地方高校以教学为主，以培养应用型人才为主。另外，产教融合可以打开我们的思路，开阔我们的视野。服务意味着开放，服务意味着多元化、多样化，不同学校可以根据自己所处地域、学科结构、办学传统选择不同的服务对象，从而形成不同的人才培养模式、科学研究模式、组织管理模式、资源配置模式和办学特色。地方高校产教融合可以促使我国高校形成多姿多彩、五彩缤纷的可喜局面。

总之，无论以知识逻辑、政治逻辑或经济逻辑为中心的讨论如何演变，都不能否定大学与政府和经济的密切关系。现代大学的“初心和使命”就是通过教育把科学知识传承下去，提高学生的知识能力、应用能力、学习能力和创新创业能力。只有课程教学才是反映一所学校教育水平的核心指标，只有能够反映社会发展需求的课程教学才是提升学生获得感的唯一途径。大学要想完成这些任务就必须将整个教育系统与产业系统融合，让产教融合成为发展战略的有机组成部分，大学才能够铸就持续发展能力，高校和学生才能够自我发展、自我完善，不断适应社会的快速变革。

二、产教融合与内涵式发展

党的十九大报告明确提出，加快一流大学和一流学科建设，实现高等教育内涵式发展。这是党和国家对我国高等教育提出的明确要求，也是全国人民对中国大学寄予的殷切期望。2019 年由国务院印发的《中国教育现代化 2035》提出了优先发展教育，推进教育理念、体系、制度、内容、方法、治理的现代化，着力提高教育质量等一系列重要思想，旨在推动我国教育事业走内涵式发展道路。作为高等教育领域内的一个政策性话语，“内涵式发展”是党中央根据我国高等教育的发展阶段及所处的时代环境，对高等教育发展方向目标与实践路径所做的顶层设计规划。

理论源于实践，实践检验理论，思想认识自觉指导行动自觉，为行动自觉提供前进动力。“内涵式发展”从形式上区别于外在性发展，是从事物的本质属性出发的内在性发展；从内容上看，“内涵式发展”是一种由事物内部各组成要素共同协调推进，内容更丰富、更有活力的发展理念。因此，可将“内涵式发展”概括为一种以数量增长、规模扩大的外延式发展为基础和前提的转型升级式发展，基本要求是转变单纯依靠数量的增加、规模的扩大来寻求发展的外延式发展模式，旨在通过回归事物本体，以内生性的、协调性的发展，实现事物内部结构的优化、体制机制的改革创新及发展潜力的最大化挖掘，目的是开拓一条更加科学、更加理性，可实现速度、结构、规模、质量、效益相统一的可持续发展道路。深刻认识和把握高等教育内涵式发展的时代内涵，是基于产教融合、校企合作的内涵式发展之路的前提基础。

（一）内涵式发展是建设高等教育强国的现实需要

实现高等教育内涵式发展是高等教育方针政策演变的必然选择，也是新时代建设高等教育强国的必然要求。2010 年中共中央、国务院在《国家中长期教育改革和发展规划纲要（2010—2020)》中提出要注重教育内涵发展，让“内涵式发展”这一话语再次出现在高等教育的政策文件中。自 2010 年以来，“内涵式发展”不断出现在推动高等教育发展的各种重要政策文件中，内涵更加丰富，逐渐确立为新时代我国高等教育发展的核心理念，对推动我国高等教育的现代化发展具有更深刻的指导意义。

从国际发展大势来看，当今世界正处于大发展大变革大调整时期，世界多极化、经济全球化深入发展，科学技术突飞猛进，世界各国对人才的质量要求进一步提高。从国内发展来看，自党的十八大以来，随着政治、经济、文化等方面建设的全面推进及发展方式的不断转型升级，我国进入中国特色社会主义现代化建设新时代的历史方位，凸显了培养创新型人才的紧迫性，对教育尤其是高等教育的发展提出了更高的要求。

从我国高等教育整体发展形势来看，经过十年扩张性发展，高等学校的数量和规模都有了显著的增长，到 2010 年我国高等教育毛入学率已达到 26.5%，高等教育逐步迈入了大众化的发展阶段。1999 年开始的高校大规模扩招出现的一系列问题虽然有所缓解，但新问题不断暴露出来，失业问题、教育资源分配不均及考试公平等现象，阻碍了我国高等教育的进一步发展。相比于前一时期通过数量和规模的扩张来推动高等教育发展的方式，新时期更需要通过深挖现有高校的内部潜力来推动高等教育质量的提高。

规模、质量、结构和效益是检验高等教育发展的四个维度[1]，长期以来过度注重规模扩大，导致我国高等教育结构、质量、效益问题突出，地方高校服务社会的能力相对减弱。检验一个国家是不是高等教育强国的核心要素是教育质量，主要看在一定规模基础上是否具有合理的高等教育结构与布局，有若干世界一流水平大学、高素质的教师队伍和强有力的国际竞争力，同时还要考察高等教育服务本国经济社会发展的促进作用和对世界的影响力。内涵式发展的本质力求于“质量、结构、公平以及制度”等各要素统一、协调、可持续地发展，是建设高等教育强国的必经之路。地方高校要根据高等教育的发展现状及

[1] 张德祥，林杰.“高等教育内涵式发展”本质的历史变迁与当代意蕴［J］. 国家教育行政学院学报，2014（11）：3-8.

其赖以生存的政治经济环境，充分认识到提高质量是高等教育的生命线，实现高校内部结构优化和外部功能协调的有机统一，以内涵式发展为主导提高人才培养、科学研究、社会服务和文化传承创新的能力。

（二）产教融合和内涵式发展在逻辑关系上具有价值目标一致性

内涵式发展与产教融合是战略目标和发展方式的关系，内涵式发展是实施产教融合的本质要求，是地方高校转型发展的内在要求，也是推动地方高校治理能力和治理体系现代化的目标要求，而产教融合是地方高校内涵式发展的价值体现。产教融合和内涵式发展高度统一于质量提升的目标，没有内涵式发展就无法实现产教融合，没有产教融合的实施和推进，地方高校内涵式发展会缺乏内外支持而止步不前。

1. 目标导向一致性

高水平大学和地方高校共生的二元结构是我国高等教育主要结构特征。目前，国家正在实施的“双一流”建设，主要是针对高水平研究型大学，这也是高水平研究型大学内涵建设的有力抓手。对地方高校来说，产教融合则是其内涵式发展的目标，也是实现内涵式发展的导向。地方高校要以产教融合为导向，实现转型发展，改变片面的学术导向，实现应用型与学术型双层评价体系，注重考量学校与社会需求的对接程度。

地方高校的内涵式发展要以产教融合为导向，全面改革教育理念、培养模式、教育内容和管理制度。紧密结合行业发展，树立以“学生为本”的教育理念，围绕“提升素质”更新教育内容，构建“以学为主、教学相长”的教学模式，教学管理“从专业管理向课程管理”转变。产教融合的服务主体是学生，目的就是提升学生能力与产业需求适应度，通过教育各要素同产业发展有机结合，以提高教育的针对性和适应性，通过学生的能力升级带动产业结构升级。

2. 政策指向一致性

2010 年，党中央以教育规划纲要的形式规划了内涵式发展的宏伟蓝图，十年来，我国政府相继颁布了多项高等教育内涵式发展的相关政策。其中，教育部等部门颁布的《关于引导部分地方普通本科高校向应用型转变的指导意见》，要求地方高校通过建立生产服务一线紧缺的应用型、复合型、创新型的人才培养机制，来化解高等教育的结构性矛盾，克服地方高校人才培养同质化问题。地方高校的转型发展不是无目的地降低人才培养层次，而是实现产教融合的转型，将人才培养从传统的学科专业范式向职业教育范式转变。

与此同时，高等教育界在“复旦共识”“天大行动”和“北京指南”的基础上，擘画了适应并引领我国经济结构转型升级与发展动能转换的新工科建设项目。新工科建设以问题为导向，设计了“问产业需求建专业、问技术发展改内容、问学校主体推改革、问学生志趣变方法、问内外资源创条件、问国际前沿立标准”的“改革六问”，与产教融合在顶层设计和实施路径方面均具有高度一致性。可见，产教融合不是孤立的政策方案，而是新时期高等教育内涵式发展政策的具体化，是一流本科建设的具体行动。当前，产教融合已经成为地方高校深化改革和转型发展的行动自觉。

3. 实施路径一致性

地方高校的内涵式发展是一项系统工程，是以学生为中心，通过结构优化、特色发展和全面改革提升人才培养的社会适应性，提升高等教育整体质量。而产教融合明确提出构建教育和产业统筹融合发展格局，地方高校要主动融入国家创新体系和新型城镇化建设，推动学科专业建设与产业转型升级相适应；以产业需求为导向健全人才培养调整机制，健全学术型人才和应用型人才分类培养体系，提高应用型人才培养比重；以产教融合推进学校治理结构改革，鼓励社会各界参与学校治理；加强产教融合师资队伍建设，建设高水平的“双师双能”型教师队伍，完善符合应用型高校发展的教师评价体系等。这一系列改革举措都说明产教融合和内涵式发展在实施路径方面具有高度一致性。

三、地方高校产教融合的改革目标

（一）着力增强学生获得感

现代大学的意义起源于西方，从诞生之日起关于大学的理念就在不断地演化。德国著名教育改革者洪堡认为，大学不仅是传授知识，还应“发展”知识，教师的首要任务是自由地从事“创造性的学问”。到了 20 世纪 30 年代，美国大学的先驱者弗莱克斯纳弘扬了英国和德国的大学理念，他认为“大学的目的在于人才培养、科学研究和社会服务”。无论大学理念如何发展演变，大学的“初心”始终不变，那就是通过教育把科学知识传承下去，让后人能够拥有更加清晰、准确的知识，让人们的思想和能力得到进一步提升，文化得到传承和发扬。

产教融合的初级阶段是职业教育服务产业需求，以人才链服务产业链，改变职业教育无法满足产业需求的现实问题。当前，产教融合应上升为以职业教育和高等教育的整个教育体系与产业体系发展方式的变革，是产业结构调整和高等教育综合改革的整体制度设计，成为国家发展战略的有机组成部分。

评价大学的水平，不能把观测角度局限于科研水平，首先要观测的是教育能力、学生在校的获得感。只有课程教学才能反映一所学校教育水平的核心指标，只有能够反映社会发展需求的课程教学才是提升学生获得感的途径。只有提高学生的获得感，高校才能够铸就持续发展能力，才能让学生实现学以致用，获得真本领，高校和学生才能够共同自我发展、自我完善，不断适应社会的快速变革。

（二）着力增强本科教育质量

打造一流本科教育、培养一流本科人才，已成为我国高等教育学界的普遍共识。特别是 2018 年本科教学会议中提出的建设一流本科教育的目标，开启了我国本科教育的新时代。随着《深化本科教育教学改革全面提高人才培养质量的意见》发布，掀起了全国范围内的本科教育改革的热潮。

地方高校建设一流本科教育归根到底要从教育理念、培养模式、教育内容和教学管理四个方面进行改革，要将四个改革内容与产业发展紧密结合起来。地方高校要紧密结合行业发展，树立以“学生为本”的教育理念，围绕“提升素质”更新教育内容，构建“以学为主、教学相长”的教学模式，教学管理“从专业管理向课程管理”转变。产教融合的服务主体是学生，其目的就是开阔学生的视野，将学术课程和职业课程相结合，加快学生就业的适应程度，同时，通过教育各要素同产业发展有机结合，以提高教育教学的针对性和适应性，从而提高本科教学质量。

（三）着力增强地方高校服务社会能力

2017 年 2 月以来，教育部积极推进新工科建设，先后形成了“复旦共识”“天大行动”和“北京指南”，并发布了《关于开展新工科研究与实践的通知》《关于推荐新工科研究与实践项目的通知》，全力探索形成领跑全球工程教育的中国模式、中国经验，助力高等教育强国建设。[1]“新工科建设路线图”，其重要内容就是提出要进行产教融合。产教融合和新工科在顶层设计和实施路径方面均具有高度一致性，也决定了地方高校在实施产教融合战略过程中必须与新工科建设相结合。从顶层设计角度来看，国家在推行产教融合战略和新工科建设的目标是一致的，在推进国家产业结构改革和高等教育供给侧结构性改革方面、推动行业转型升级和高校转型发展方面、行业企业岗位能力需求和高校人才培养质量提高方面均具有一致性。从实施路径来看，产教融合战略和新工科建设都侧重于强化企业的主体地位，鼓励行业企业和社会组织整合校企资源，建立校企协同合作的长效机制。产教融合和新工科均能有效地将产业链与人才链、教育链与创新链有机衔接，实现人才、技术、资源的有效聚集，实现校企双向协同育人。

（四）着力构建高水平应用型教育体系

人才培养是学校的中心工作，要坚持以科研型引领适应应用型学科专业体系建设，以产教融合创建学科引领下的适应性课程教学方法论，努力优化一流应用型人才培养体系，全面提高应用型人才培养能力。

基于产教融合，优化专业设置和调整机制。建立由行业、企业、高校专家组成的学校发展规划执行委员会，对学校专业设计规划进行评议，利用第三方评估机构，对主要用人单位对专业人才的需求进行调查，根据社会需求和学校能力适时调整专业设置，集中资源

---

[1] 顾佩华．新工科与新范式：实践探索和思考［J］．高等工程教育研究，2020（4）：1－19.

建设社会急需的特色优质专业。根据学校条件，适当扩大相关专业招生规模，对一些社会急需而又因条件限制没有能力创办的专业，学校可通过改造传统专业，修改培养方案，学生辅修专业等方式，开展应用型、创新型技术人才的培养。

基于产教融合、创新教学模式，进一步总结卓越计划实践取得的经验，改变原有的教学模式，打破传统的以理论知识为主的教学模式，构建以实践为主要特征的教学模式。改变学生的学习习惯和思维习惯，训练和培养学生的实践能力、创新能力和应用能力，通过与行业企业专家共同制定培养标准、共同制订培养方案、共同制定教学大纲、共同编制教材、共同参与教学评价，保障学校培养的学生符合行业的发展需求，通过构建企业学习、双导师制、实践实训等教学模式，让学生获得更多的真实工程体验，让学生在实践中获得从理性到感性的认识和把握，实现从感性认识到专业理论的牢固把握和灵活运用，通过推进学分制和模块化教学，为不同专业学生制订多样化人才培养方案，因材施教，实现个性化培养。

第三节　产教融合的特点与作用

一、产教融合的特点

产教融合在国内和国外经过了多年的发展取得了一些经验，在梳理国内外产教融合发展经验的基础上可以总结出所具有的一些特点。通过文献梳理和国际经验对比可以发现德国的双元制、美国的合作教育模式以及英国的工读交替模式都非常值得学习。我国在产教融合方面也取得了一些成绩，早期的产教融合以校企合作的形式存在，其中几个典型模式分别是“学院＋创业中心区”“专业＋大型企业”“专业＋龙头企业＋企业联盟”“专业＋校办企业”“专业＋行业协会”等。上述五种模式都是职业院校结合当地经济发展而创造出来的，具备了初步的产教融合特性。

这些模式都不同程度地促进了高等职业教育的发展和产教融合的深入，但主要侧重于产、学结合，结合的内容没有达到“产教融合”的广度，也没有体现高等职业教育的高度和校企合作的深度，整体生态不能达到“产教融合”的效果，其成功经验也难以推广和复制。为适应社会主义市场经济中产业结构的不断调整和变化，高等职业教育的“产教融合”必须是行业、产业、企业和地方院校等多方主体活动特点的融合和体现，并具有新的特质和功能。

（一）立体式融合

社会主义市场经济追求的是多元化，产教融合服务于社会主义市场经济，所以其发展的路径也必然要受到社会主义市场经济的影响。产教融合在发展中也更加注重立体式的融合。立体式融合区别于平面融合，从融合的层次来说校企合作属于层次比较低的融合，也就是平面融合。产教融合是高层次的融合，可以说是立体式的融合，它打破了原有单一合作或双项合作的局限，在产、学、研三方面进行全面、深入的合作，融合后的组织结合了生产、教学和科研的特点，不仅自身是生产的主体，具有企业创造经济效益的功能，而且能提供产业发展需要的专业技术人才，为产业的可持续发展提供源源不断的智力支持。通过对比产教融合培养出来的人才与传统模式培养出来的人才，就可以发现二者存在着比较大的差异，产教融合模式下培养出来的人才具备更强的可持续发展能力。从另一个角度来说，企业的需求也能为学校的教育教学改革提供方向和目标，保证了高职教育能满足行业需要。融合的组织能科学配置内部资源并开展基础研究、应用研究和开发性研究，为产业发展提供有力的技术支持，为学校教育内容的更新提供最前沿的信息资源，保证了教育与时俱进。三者融合在一起，形成一个良性的循环体系，开展教学、科研、生产等服务活动，在促进内部发展的同时，不断向外辐射，发挥其更大的社会效应和作用。这种立体式的融合，对于经济发展和社会进步都有着非常重要的助推价值，反过来也促进了教育的发展和进步。

（二）社会主义市场经济产业化发展的融合

社会主义市场经济产业化发展是指某种产业在社会主义市场经济条件下，以行业和企业的真实需要为导向、以实现效益为目标、依靠专业服务和产教融合的水平管理形成的系列化和品牌化的经营方式和组织结构。其基本特点是：面向市场、行业优势、规模经营、专业分工、相关行业配合、龙头带动、市场化运作。

对于不符合市场需求的项目，要遵循市场进退机制，及时终止不必要的投入，避免产教融合运作过程中机制的片面性。所以，社会主义市场经济产业化发展的产教融合是一种面向市场需求的融合，在产、学、研三方面做大做强，分工合作，强强联合，能创造出良好的市场发展前景，具备其他组织无法复制的竞争优势，形成自己的品牌，在市场中具备核心竞争力，并且能形成一定的规模，带动其他合作项目不断深入开展，严格按照市场规律开展活动。

（三）以企业需求为出发点

教育是以培养人才为主要目标的，早期的教育在人才培养中不是十分注重与企业之间的对接，产教融合在培养目标方面领先于传统的教育，产教融合的出发点是企业的需求。企业参与到人才培养的全过程中，能够将自身的需求以最大化的形式表现出来，并且在课程设计中逐个满足。传统的高职教育产教融合实践过程中，搞形式、走过场、学校“一头热”的现象并不少见，每所地方院校在产教融合实践中或多或少都会遇到这种现象。通过分析可以发现，导致这种现象出现的原因很多，主要是双方在合作的早期并未找到能够让彼此共赢的路径。而很多企业迫于政策的压力或是学校的单方意愿，在没有找到双方合作的需求点时就盲目开展形式上的校企合作，合作之前双方缺乏严谨的调研。

这样的产教融合违背了社会主义市场经济的需求导向，不可能产生有益的效果。真正实现产教融合的组织，能够以企业、学校和相关合作部门的需求为前提，结合各种市场正在发生的变化，明确市场的供需状况，确定各自的实际需求，寻求利益结合点开展相关合作，在满足自身需求的同时，能为市场的供给和需求的均衡作出一定贡献，并能根据供给和需求的均衡变化，调整自己的需求发展战略，这样不仅解决了合作的随意性、被迫性问题，也提高了合作双方的积极性与主动性。

（四）多主体管理的融合

产教融合就是一个重新确立组织主体地位的过程，也是在社会主义市场经济条件下产教融合活动获得法治保障的关键要素。以往很多的校企合作活动难以实现产教融合的关键原因，主要还是在于没有明确各个主体之间的权利和义务关系，关系的不明确导致了合作的问题，从而影响了校企合作的发展。产教融合的主体正在悄然之间发生着变化，已经从学校转移到企业和行业，这种变化既与当前的社会发展有关，也与教育的进步有关。正是基于此，在有效的产教融合组织中，学校、企业、政府、行业协会等分工合作、共同管理，在开展任何活动前，都应明确各自的权利和义务，并对其后果承担最终的法律责任。这样不仅可以增强企事业单位对此项工作的责任意识，发挥其主人翁地位，也可以让学校和合作单位在此项活动中的管理工作更为合法、有序，避免了产教融合管理工作的凌乱性。

二、产教融合的作用

产教融合就是将生产与教育有机结合起来，实现理论知识的传授与实践知识传授的有机协调与融合，提高实践能力。通过产教融合、校企合作，能够为学生在理论学习之余，提供更多的实践机会，培养学生的岗位能力和实践水平。产教融合将企业、学校、政府、社会组织等结合起来，进行资源整合与优化配置，实现取长补短、优势互补，提高教师素质。产教融合对高职教师提出了新的要求和挑战，高职教师只有不断提升自我才能适应产教融合的教学要求。正是基于此，产教融合对提高教师产教融合的水平大有裨益，能够助推教学改革。产教融合是高职教育的新形式和新思路，是对高职教育的一种创新。在对产教融合教学模式进行探索与发展的过程中，高职的课程设置、教学内容、评价方式等都面临着调整和变革，进而助推高职教育改革的深入。产教融合的根本任务是通过创新教育形式、整合教育教学资源、提高教育产教融合水平，达到提升学生岗位技能和实践能力、满足社会需要的目的。同时，产教融合有利于企业的技术革新、生产水平和效率提升，促进企业的高速和高质量发展。由此可见，产教融合是实现学校和企业共同发展、全面提升的重要手段和有效途径，是高职教育价值、社会价值和经济价值的集中体现。产教融合促使高职按照企业的需求培养人才，并将理论学习与实践知识的传授和科学研究结合起来，为企业发展提供强有力的人才支持和智力支持，提升我国企业的综合实力，促进社会主义市场经济的高速和高质量发展。

地方院校所培养的人才合格与否，企业最有发言权；地方院校办学水平的高低要看其"产品"——学生是否受社会的欢迎。地方院校要培养高素质技术技能人才，就必须将教学过程与企业的生产岗位相结合，依托企业的技术、设备、生产、工艺和管理优势，将学校的教育功能与企业的生产需求相结合，使学校办学办出特色、学生学有所长，走上健康的良性循环的发展道路。

（一）产教融合是对高职教育产教关系内涵的提升

"工学结合""校企合作""产学结合""产学研结合""产教融合"等都是对职业教育中不同产教关系的阐述，也是不同经济环境背景下的产物，并在产教关系中有着长久的生命力。其中，"工学结合"最早提出，是从微观层面提出的一种教育理念，它以职业为导向，以提高学生就业竞争能力为目的，以市场需求为运作平台，其主要关注的是如何处理微观层面学校的"学习"与企业的"工作"问题，即两者在时间的安排、课程体系的设置以及教学内容的组织等方面如何衔接，而对企业与学校的多方合作或高层次关系没有提出要求。"校企合作"是从中观层面提出的教育理念，其侧重于学校与企业的多方合作，对两者的合作提出了多方合作、互利共赢的要求，但是这种模式处理的是企业和学校之间的问题，对于学校所处的教育行业和企业所处的行业或产业部门并没有提出相关要求，缺乏宏观顶层设计，整体性和规划性不强。已有研究对"产学结合""产学研结合"等概念开始的宏观层面的思考，主要是从产业发展需要的角度考虑如何将产业需求与学校教学或研究工作结合，还是缺乏全方位的视角，没有跳出中观理念的制约。"产教融合"则是采取了全方位的视角，立足产业和教育两大行业，从宏观层面提出了职业教育发展中需要处理的两大主体，即产业部门和教育部门，以及两者关系需要达到的理想状态——融合。其包含了产教关系的微观、中观和宏观问题，这种理想状态的实现不仅需要宏观的顶层设计，而且需要中观的组织参与以及微观的实践操作。相对于"结合""合作"而言，"融合"在主体之间的关系上更加深入。"结合""合作"都是体现主体之间以契约或其他条件为基础而发生的组织活动，是存在于组织之外的关系，随基础和条件的变化而变化；而"融合"则是主体之间我中有你、你中有我，密不可分，是源自主体组织内在需求的一种活动，是一种孕育着新事物产生的活动，在产教关系中有着从量到质的变化过程。因此，"产教融合"的提出是对职业教育产教关系内涵的提升。

（二）产教融合是新形势下高职教育发展的价值取向

当前，我国高职教育正处在快速发展的重要阶段，大力发展高职教育是建设人力资源强国的需要，“以服务为宗旨、以就业为导向、走产教（学、研）结合的道路”是高职教育的办学方针。

高职教育主要培养技术技能人才。这样的人才培养目标决定了教育与产业结合、师生与实际劳动者结合、理论与实践结合是人才培养的基本途径。从封闭走向开放，教育与产业紧密合作是地方院校的发展战略。积极探索产教融合、工学结合的教育培养模式，推动高职教育从计划培养向市场驱动转变，从传统的升学导向转变为就业导向，全面提高学生的工作能力、就业能力、职业转换能力、创新创业能力等，建立和完善毕业生就业和创业服务体系，是目前职业教育最需要认真解决的问题。以就业为导向，推进产教融合、工学结合，是适应经济社会发展，提高毕业生就业率，满足企业人才需求，实现学校、企业双方受益、多方共赢的有效途径。产教融合不仅是高职教育的办学方式，更是高职教育的办学方向。落实以就业为导向的办学目标，要追求培养目标与岗位标准的“零距离”，必须要重视教育过程的“零距离”。在教学计划里，课程体系要遵循工作过程；在师资要求上，教学模式要符合工作模式；在教学过程中，教学内容要覆盖岗位能力；在教育评价上，教育考核要达到能力的综合检验。在上述教学过程中，没有产教融合，改革就难以完成。

对地方院校而言，走产教融合之路，争取并依靠企业的支持和参与，主动服务企业的需求，是培养高素质技术技能人才、实现高职教育又好又快发展的根本途径。一手抓规模、抓速度，另一手抓质量、抓内涵，两手都要“硬”起来，高职教育就必须面向市场、开放办学、为企业服务。通过这些合作，学院可以开设供需对接的专业，推动课程改革，改善教师队伍结构，创新师资培训模式，建立稳定的实习实训基地，完善实践教学的条件，拓展教育和培训服务领域，提升教学质量，推进“双证书”制度，进而提高学校的知名度和竞争力。

产教融合大大缓解了地方院校资金匮乏、实习设备老化的困境。高职院校因为各种缘故，购置的实习、实训设备往往是社会上已经淘汰的机器，学生学习的专业知识、掌握的专业技术也跟不上社会上的技术更新。有很多学生到厂里工作时还得重新熟悉机器，从头学习系统，此时往往会被戏称为“慢三拍”，这也是社会企业对高职教育最真实的评价。地方院校通过把企业引到学校里来，或在校外企业挂牌成立实习、实训基地，让学生在上学时就到企业里去实习、实训，这不仅能让学生接触到最先进的设备，掌握最先进的技术，将来真正毕业时更快地融入企业的生产中，而且学校可以省去自己购买实训设备、建设实习基地等一大笔经费开销。

产教融合有利于建设一支过硬的师资队伍。目前，地方院校的教师大多是从本科院校直接分配的，他们专业水平高，理论知识丰富，但缺点是知识应用能力不强，实际操作水平不高，这也极大地影响了职校教学质量的提高。学校创设实习基地，兴办专业产业，为广大教师特别是专业课教师参加实践、提高实际工作能力提供了条件和机会，而且在实际工作中，教师把理论知识与生产实践相结合，把教学与科研相结合，这有利于提高自身业务素质，提高教学的质量，对地方院校建立一支过硬的师资队伍有着十分重要的意义。实践证明，产教融合是促进和谐社会建设的有益实践和重要举措。从学院角度，学院希望以产学合作关系为纽带，进一步加强与企业的合作，在产学结合上取得突破并实现学校与用人单位的合作双赢。

高职教育发展的基本规律和价值取向主要体现在高职教育与社会发展、人的发展作用中，尤其体现在社会发展中，与政治、经济、文化、科技等存在紧密的联系，且作用更直接。其中，在促进经济发展的进程中，职业教育与经济发展彼此相互促进、共同发展。职业教育为经济发展培养了各行各业所需要的人才，经济发展越来越离不开职业教育的支持，职业教育发达的国家，经济发展水平也相对较高。但经济与职业教育之间的关系也是辩证的：一方面，经济发展水平制约着职业教育的发展；另一方面，职业教育通过对大量高素质劳动者的培养推动着社会经济的发展，发挥着强大的经济功能。因此，处理好产教关系也是职业教育提高服务经济发展能力和水平的需要，“产教融合”正是为了满足此种需要而提出的，其核心在于处理好职业教育中产教之间存在的矛盾和冲突，让产业自觉承担起社会责任，即在培养社会经济发展所需人才的活动中履行应有的责任和义务，让教育与产业需求紧密结合，真正实现人才培养与促进产业发展的目标。

（三）产教融合有利于专业建设

产教融合、校企合作培养技术技能人才是国际职业教育成功国家的共同规律。呼唤和渴求产教融合、校企合作培育技术技能人才在我国有着深刻的教育和经济背景。企业和高校紧密合作，当社会经济发展的路径发生变化时，企业能够第一时间感知到，企业将所需要的人才培养标准及时传达给高校，高校及时做出响应，使专业定位始终跟上时代的步伐。从教育方面看，近一段时期以来，我国职业教育的一大特色是以职业学校为主体培养初入职的技术技能人才，经济领域行业企业相对脱离于人才的正规职业准备教育，出现了职业院校对产教融合、校企合作共同育人和研发的需求格外强烈，然而困难也格外多的情景。从经济领域看，我国正在进入工业化中期，努力实现产业升级转型、建立创新驱动的现代产业体系，对复合型和创新型技术技能人才的需求在倒逼行业企业做出变革。发展所面临的体制机制困境，保障技术应用和技能人才发展的实践问题，具有重大的研究意义与价值。

党的十八届三中全会指出，全面深化改革的总目标是完善和发展中国特色社会主义制度，推进国家治理体系和治理能力现代化。当前职业教育的体制机制不畅、承担和参与主体缺位、相关制度不匹配、政策措施不协调、发展动力不足等问题成为制约职业教育发展的瓶颈。推进国家治理体系和治理能力现代化，为解决上述职业教育的瓶颈问题提出了全新视角、顶层思路。职业教育作为与社会经济发展密切相关的一种教育类型，同时肩负着面向社会和培养高技能人才的重任，关乎国家的经济发展与社会和谐。职业教育治理体系与治理能力的现代化，是国家治理体系与治理能力现代化不可或缺的一部分，对全面深化改革，推进国家治理体系和治理能力的现代化具有重大意义。改革开放以来，在政府及各部门的积极努力下，职业教育的发展取得了巨大成就。但是，目前与我国经济社会的需求和人民群众的期盼相比，职业教育发展依然面临很多困境，许多问题从表面看似乎在于职业教育自身，而其实质是职业教育的外部制度、体制机制使然。“十一五”以来，我国职业教育的校企合作创设了“订单式”培养、工学交替、校中厂、厂中校、“政、校、企”三方联动等一批具有区域行业特色的校企合作人才培养实现形式，形成了“合作办学、合作育人、合作就业、合作发展”的校企合作人才培养理念，但是职业教育校企合作也遇到了较多的困惑、问题和困难，尤其是职业教育校企合作的国家制度、政策还不够健全，对职业教育在国家政策、制度层面的顶层设计改革有着较为迫切的诉求。实行校企合作、工学结合的职业教育人才培养模式，是技能型人才培养的有效途径，体现了职业教育的本质特点。职业教育所肩负的培养技能型人才的任务需要职业院校与行业企业共同承担，日益成为职业院校、广大企业和社会各界的共识。

从“单维”管理理念转向“多元”治理理念，在治理理论的指导下，借鉴国际比较经验，研究职业教育的多元治理主体的权责、实行管办评分离、多样化治理工具、完善的治理制度体系、治理指标体系、治理的制度包与工具包等，具有巨大的经济和社会意义。首先，完善职业教育治理体系、实现职业教育治理能力现代化，将有助于我国数以亿计的技术技能人才的培养和可持续发展，有助于职业教育突破上述制约瓶颈和困境，增强职业教育服务产业结构调整、经济发展方式转变的针对性和实效性。其次，对职业教育治理体系和治理能力现代化的研究，有助于促进我国社会民主与全面提升、增强人民群众学有所教、学有所用的终身学习途径和机会，依靠职业教育提升国民素质和发展能力，提升顺利就业、幸福生活的民主和谐境况。党的十八届三中全会进一步指出：“加快现代职业教育体系建设，深化产教融合、校企合作，培养高素质人才和技能型人才。”

（四）产教融合有利于课程建设

课程体系是学科发展的载体，企业岗位的各项技能都需要通过课程体系来实现，通过相应课程来培养对应岗位技能。职业院校的校企合作中既有老生常谈的旧问题，也有发展过程中的新问题，需要政府统筹考虑解决的办法，整体推进合作的发展深化。企业对岗位职责有比较全面的了解，能够对各工种工作任务职责作出详细规划，然后将岗位职责标准转化成课程标准，企业项目实例转化为课程教学的案例。我国职业教育校企合作存在政府、行业、企业、院校、学生五大层面的问题，这些问题是系统培养高端技能型人才以适应经济发展方式转变和产业结构升级的重大障碍，是当前中国职业教育宏观政策亟待破解的焦点问题。

职业教育校企合作中存在的问题主要是企业主体缺位、行业企业参与不够，反映出经济领域缺少支持产教融合的配套制度。产教融合不仅应该是教育制度，而且应该是经济制度、产业制度的组成部分。

（五）产教融合有利于提升教师的社会服务能力

校企双方经常互派人员轮岗实训，企业派专业技术人员到校为师生讲学，有利于提高师生的实践操作水平；地方院校派教师下企业锻炼，在企业生产一线，教师实践能力能够得到比较大的提升。研究、探讨校企合作促进政策的制定和实施是一项重要的攻坚任务，需要深挖现存的问题，运用理论分析其原因，并将其放在国家宏观层面来思考解决。我国职业教育的主体是职业院校，主要由教育部门统筹管理，但教育部或者任何单一部门都无法有效地解决职业教育校企合作的跨部门、跨领域问题。2009 年，《宁波市职业教育校企合作促进条例》开始施行，这是我国第一部地方性职业教育校企合作促进法规，为明确职业院校、企业和政府部门职责，预防学生在实习期间意外伤害事故，保护企业商业秘密等提供了法律依据，为宁波地区职业院校和企业合作培养高素质技能型人才，促进校企合作可持续、健康发展提供了法律保障，是完善我国地方校企合作法规的重要标志。职业教育实行校企合作和工学结合的人才培养模式，不仅是培养应用型、技能型人才的基本做法，而且符合我国关于教育同生产劳动相结合、培养全面发展的人才的基本教育方针，为加快制定国家职业教育校企合作促进法规提供了宏观性的思想框架。鼓励地方先行先试，吸收地方创新经验。许多地方对校企合作的认识水平不断提升，认识到人才培养合作项目的收益与产品研发等合作项目的收益相比，回报较低而投入较大。地方院校教师所接触的理论知识较多，但实践方面的技能比较缺乏，大部分地方院校教师都没有太多的项目经验，通过产教深度融合可以提升师资水平。教师在企业真枪实干，掌握了好的技能后，再结合自身丰富的理论知识，就可以提出有创新性的想法，帮助企业解决实际问题。

正是基于此，需要国家统筹职业教育校企合作政策，进行顶层设计。国家从教育、经济和劳动三方面建立法律性框架。目前，《中华人民共和国教育法》《中华人民共和国劳动法》和《中华人民共和国职业教育法》中关于教育与生产劳动相结合、教育为经济建设服务、经济建设依靠教育以及职业教育校企合作的规定，对促进校企合作的发展发挥了一定的作用，但其条款大多是宏观性规定，相距建立良好的职业教育产教融合制度的需要还有一定的差距。故此，需要国家从教育、经济、劳动三个领域修改现有法律和新增相关的法律，为加快建立国家职业教育产教融合校企合作制度提供宏观性的法律框架。调查显示，企业所能为职业院校提供的资源中，提供实训设备、为学校提供资金等被排在末位，因而，参与职业教育的企业还需要政府优惠、补偿政策的引导。

（六）产教融合有利于产业竞争力的提升

提升产业自主创新能力是建设创新型国家的需要，产学研合作是产业自主创新和发展的必由之路。党的十七大报告强调："加快建立以企业为主体、市场为导向、产学研相结合的技术创新体系，引导和支持创新要素向企业集聚。"企业需要创新型人才和高技能人才，需要实用技术和科研成果的引进与转化，与高等教育和职业教育合作已逐渐成为企业的战略需求。而对高端、现代、新型、集约化的经济特点，企业必然要求高素质的劳动者和高质量的职业教育，也必然要依靠高水平人才进行技术创新。通过产教融合可使培养的人才更好地适应企业、行业、社会的需要，缩短就业磨合期，降低企业的培训成本和劳动成本，有力地提升企业的竞争力。

产教融合符合企业培养人才的内在需求，有利于企业实施人才战略。在职业教育中，技工教育处于企业需求最普遍的地位，与企业的关系尤为突出。企业积极参与举办技工教育，其核心动力则来自企业对应用型人才的不懈追求。建设一支极具企业自身特色的应用型人才队伍，并不断予以补充，是企业实施人才战略的核心。所以企业仅仅关注技工教育的发展还远远不够，因为极具企业个性特征的应用型人才通过"人才社会化"的渠道是无法得到的，就是说，社会举办的技工教育无法直接为某一家企业培养和输送个性化的应用型人才。所以企业希望通过合作办学的方式，培养极具企业自身特色的应用型人才。这就是企业与技校合作举办技工教育的本质意义。企业这种参与举办技工教育的要求，随着社会经济发展会越来越强烈，也会成为越来越多的企业家的共识。

（七）产教融合有利于学生知识、能力、素质的提升

职业教育培养的人才是经济和社会所需要的生产、服务、管理一线的高级应用型人才，这类人才的最突出特点是具有较强的实践技能。但长期以来，由于受到学校仪器设备、实习、实训条件和师资等方面的制约，绝大多数职业院校不具备培养技能型人才的实训条件，学生在学校里学到的更多的是理论知识，实际动手和操作的能力非常缺乏，毕业后不能很好地适应企业的要求，到工作岗位后的工作磨合期较长，影响到企业的生产和管理。加上企业随着市场的变化，生产工艺的改进、生产设备的更新速度非常之快，学校没有足够的财力和人力保证实训条件跟上企业改进更新的速度。另外，学校的氛围和企业的生产环境也有很大的差异，课堂教育和现场教育的效果有很大的区别。产教融合能为学生提供实习、实训场所，让学生有更多机会真正到生产第一线去学习、锻炼，使学生能亲身感受企业理想与文化，提高职业素养与能力，快速实现由学生向职工的角色转换，为学生就业提供一个缓冲平台，而且合作企业往往还能接受一部分学生就业。从国家就业层面上来讲，通过产教融合能够解决学生上学和就业两大难题，为众多家庭特别是弱势群体分忧解困，促进社会稳定与国民经济的发展。

第二章 地方院校产教融合的利益相关者分析

产教融合是新形势下地方院校教育办学的基本模式，也是提高职业人才培养质量的关键所在。本章分析地方院校产教融合中各利益相关者的利益诉求，其中包括地方院校的利益分析、行业企业的利益分析、教师学生的利益分析。

第一节 地方院校的利益分析

要加强产教融合，需要地方院校与企业之间建立良好的合作关系，而且这种合作关系必须是深度的合作，不能仅限于开展实习实训的表层合作。地方院校与企业之间要在人才培养、课程开发、师资培养、科学研究、技术创新等方面全面开展合作，要把企业先进的生产技术、前沿的经营管理理念带进校园、带进课堂，要把地方院校的科研成果、技术成果及时用于企业生产实际，将其转化为企业的生产技术，通过这种校企之间技术、成果的相互循环、转化过程，促进地方院校人才培养质量的提高和企业生产效率的提高，从而达到校企双赢的局面，才算是真正意义上实现了产教融合。可以说，开展校企合作是目前高校提高办学质量、实现与市场接轨、培养适销对路的优秀管理人才和技术型人才的有效途径。

一、地方院校的利益诉求

地方院校的利益诉求主要有以下几个方面：

（1）提升地方院校的办学水平和专业人才培养水平，通过校企合作加强地方院校专业建设的内涵式发展，真正培养满足社会需求的优秀专业人才。

（2）提升地方院校的知名度。通过校企合作打造地方院校的办学特色，提高地方院校在行业、企业中的知名度，提升地方院校在同等院校中的排名和名次。

（3）为地方院校专业建设提供建议和意见，为地方院校专业办学提供技术指导和兼职教师。

(4) 为地方院校专业人才培养提供实训场地和顶岗实习岗位，配合地方院校开展课程的实训教学，接受学生跟岗实习和毕业顶岗实习，并为学生指派企业师傅，帮助学生学习技能，快速适应岗位。

二、在文化资本引领下，地方院校具有政策实践的话语建议权

文化资本由组织文化及文化的物质载体构成，具有“身体化、客观化、制度化”三个特点。面对国际国内发展格局的转变，坚定文化自信既是特色职业教育高质量发展的客观要求，也是深化职业教育改革的必由之路。多年以来，“重学轻术”的社会风气深入人心，忽视学生发展的内在需求；“批次化”的人才选拔与“市场化”的就业方式，加剧“地方院校”“学历”“专业”等在就业市场中的“符号表征”；制度化文化资本的固化将地方院校置于“次等教育”行列，客观化文化资本的匮乏使职业教育发展和技能型人才培养处于不利境地。作为政策执行者，地方院校以提升人才培养质量为依据甄选合作对象，权衡利弊后决定“能否合作”“如何合作”等，努力将自身的文化资本转化为经济资本，不断改善办学条件、育人环境，实现文化资本的再生产。同时，产教融合也是地方院校绩效考评的重要指标，为确保既得利益的最大化，地方院校放弃本该“发声”的权利，被迫去迎合政府及主管部门的决策以获取更多办学资源和政策支持，表现出强烈的“政绩”取向。

在现实中，不同类型地方院校对产教融合所持态度各异，自我意识在否定中逐渐变得模糊，职责认知偏差使其因过度关注自身得失而忽视对方的合理诉求，不对等的博弈制约着利益主体参与产教融合的动力。此外，教师作为协同育人的实践主体，受自身能力所限无法适应产业转型和技术升级的高标准，多以旁观者身份参与其中。长期以来，我国师资培养偏重学科知识的习得，轻视应用技能的训练。面对日常繁重的教学任务，教师们缺少足够的激情去满足产业结构升级对职业教育的新要求，有条件的话语权也因能力不足而被忽视，可有可无的现实境遇使其更愿意将有限精力投入课程教学中。同时，地方院校创新意识和效率观念的缺失，并未真正促进产教融合，甚至渐行渐远。因不同利益主体话语诉求各异，校企双方对科研创新有着不同的理解，挤占了校企的发展空间，将本应承担关键角色的企业置于夹缝中。地方院校办学指向更关注学科发展而非市场需求，侧重新技术和新工艺的可行性、创新性，而无视市场应用的必备条件和现实投入，大量的创新专利和科研成果也因“不接地气”而被搁置，仅成为各类评优赖以炫耀的资本和课题申报的支撑。

第二节　行业企业的利益分析

企业属于营利性机构，其最终目标是实现利益最大化。在产教融合中，企业的价值追求在于获得合格的员工、必要的技术支撑及企业员工培训等。与此同时，其贡献点主要在于为学生提供实习（就业）岗位、实习实训设备、参与专业建设及人才培养方案的制订等。学校的价值追求在于提高办学知名度、获取更多生源、提高办学水平及获得办学资金等，其主要贡献点在于培养符合用人单位需求的高素质技术技能人才、为企业提供职工培训等。学生的价值追求在于提高专业技能和素养、获取实习（就业）岗位等，其贡献点在于为企业创造更多经济利益。

行业是经济统计使用的术语。2011 年中国国家统计局修订的《国民经济行业分类》将我国的国民经济划分为 20 个行业门类：农、林、牧、渔业；采矿业；制造业；电力、热力、燃气及水生产和供应业；建筑业；批发和零售业；交通运输、仓储和邮政业；住宿和餐饮业；信息传输、软件和信息技术服务业；金融业；房地产业；租赁和商品服务业；科学研究和技术服务业；水利、环境和公共设施管理业；居民服务、修理和其他服务业；教育；卫生和社会工作；文化、体育和娱乐业；公共管理、社会保障和社会组织；国际组织。《国民经济行业分类》主要按照实体所从事的生产性活动对其进行分类，并不区分市场与非市场活动，所以很难根据行业分类分析行业企业的目标和利益。

从社会组织的角度看，可以将从事生产性活动的行业组织分为政府、企业、非政府组织（NGO）三大类。政府是行使国家公共权力的全部机构，包括立法、行政、司法机关以及国家元首等。政府是不以营利为目的，立足于国家和社会的整体利益，行使公共权力，提供公共产品或兼具公共产品属性的机构，其主要涉足的行业有：教育；卫生和社会工作；文化、体育和娱乐业；公共管理、社会保障和社会组织。企业是把人的要素和物的要素结合起来的、自主地从事经济活动的、具有营利性的经济组织，其涉及的行业几乎包括除国际组织以及公共管理、社会保障和社会组织两类行业之外的所有行业门类。非政府组织是依法建立的、非政府的、非营利性的、自主管理的、非党派性质的、具有一定自愿性质的、致力于解决各种社会性问题的社会组织，例如中国红十字会、中国科学技术协会、救助儿童会等。由社会捐赠支撑的非政府组织，主要从事社会公益事业，涉及环境保护、社会救济、医疗卫生、教育、文化等行业领域。

一、企业通过生产和交易追求经济利益最大化

分析企业利益需求的基础在于明确企业的本质。企业的本质，指企业作为一种经济组

织或经济制度，区别于其他经济组织或经济制度的特殊性，它集中讨论企业的起源和企业的边界两大问题。

企业产生以来，人们对企业的性质进行了不懈的探索，形成了一些颇具时代色彩的观点。古典经济学认为，企业是社会分工与协作的结果。社会经济逐渐从自给自足的自然经济发展到专业化的分工协作经济，从而衍生出了企业。亚当·斯密指出，劳动分工是经济增长的关键，企业是分工与专业化的产物。同时，企业的边界受制于市场范围，这也被称为“斯密定理”。卡尔·马克思则指出，在自给自足的自然经济状态下，社会生产的基本形式是个体小生产或家庭生产，生产的目的是满足家庭的需要，其生产规模狭小，几乎没有社会联系，因而不构成企业组织。进入资本主义之后，由于社会分工的发展，协作得到了长足进步，分工协作的资本主义生产实际上是同一资本雇佣较多的工人，因而劳动过程是在扩大规模并提供大量产品之后才开始的。较多的工人在同一时间、同一空间或者同一劳动场所，为了生产某种商品，在同一资本家的指挥下工作，便构成了作为协作劳动组织的企业。

新古典经济学认为企业是一个通过投入产出来追求利润最大化的专业化生产组织。新古典经济学将企业视为由土地、资本、劳动力等生产要素联系起来的一个生产函数或“黑箱”，企业通过生产将这些生产要素转换为一定的产出，实现利润最大化。新古典经济学的厂商（企业）理论，可以转换为一个生产函数式和一个目标函数式：

$$Q=Q(L, K) \tag{2-1}$$

$$\max\pi=R(Q, P) \sim C(Q) \tag{2-2}$$

其中Q、P和C分别代表企业产品的产量、价格和平均生产成本，L和K代表企业生产所需的两大生产要素——劳动力和资本，π表示企业的利润，它是产量、价格和成本的函数。公式（2-1）表示企业是包括两类要素投入的既定生产技术条件下的生产函数或生产组织形式。公式（2-2）表示企业行为的唯一目的是实现资本所有者或股东利润的最大化。把两个公式综合起来，新古典经济学厂商理论的核心观点可表述为，企业是以追求股东利益最大化为目标的专业化生产组织。

企业契约理论强调企业的“交易属性”，认为企业是市场机制的替代物。罗纳德·科斯在其1937年发表的《企业的性质》一文中提出疑问：既然市场这只看不见的手可以实现稀缺资源的有效配置，那为什么还存在企业？他给出的答案是：利用市场机制配置资源存在交易费用，当利用权威配置资源的成本小于市场机制通过价格配置资源的成本时就会形成企业。换言之，企业是对市场的替代，企业的产生是为了节约市场交易的费用。张五常则从契约的角度指出，企业和市场都只是一种交易契约，与其把企业看作要素市场对产品市场的取代（市场交易的对象是产品，企业内部交易的对象是生产要素），不如说企业是一种要素契约对产品契约的替代。

企业能力理论强调企业的“生产属性”，认为企业的本质是能够生产“核心知识和能力”。企业能力理论包括资源基础理论、企业动力理论、企业知识基础理论、核心竞争力理论等一系列松散理论，主要从企业内含的“知识和能力”的角度分析企业的异质性，特别注意从隐含知识、技术、技能、生产过程、能力等内生性因素来理解企业自身的创新力及其竞争行为的多样性。如果说企业契约理论看到的是企业与外部组织在产品与服务方面的“交换”或交易，企业能力理论则看到了产品与服务在企业内部的“转换”或生产。

利益相关者理论认为企业本质上是“生产”和“交易”的联合。企业的利益相关者是那些失去其支持企业就无法生存的个人或团体，企业存在的目的，必须综合权衡企业的众多利益相关者之间的利益关系，而不仅仅是为股东服务。企业的核心知识和能力的生产最大化的根本途径，是让企业的利益相关者参与企业的决策和管理，充分利用各方面的智慧和资源。较之股东单边治理，利益相关者共同参与企业治理，更有助于企业追求长期发展，减少员工的偷懒行为和企业的监督成本，降低企业的交易成本和代理成本。由此看来，企业兼具对外交易资源、对内生产资源的双重属性，既是一个具备交易属性的“关系契约网络”，又是一个拥有生产属性的“能力集合体”。

综上可见，企业是生产和交易的联合体，企业的目标在于最大化其利益相关者的利益。企业的利益相关者包括，企业内部的股东、经理人、员工，企业外部的政府、消费者和相关的竞争与合作组织。和其他利益相关者组织一样，企业的实际运营，往往追求权力最大的利益相关者（通常是股东、经理人等决策者）的利益最大化。企业是典型的经济组织，经济利益是企业的核心目标，尽管一些企业的利益相关者在企业中并不仅仅追求经济利益。所以，企业的核心利益在于通过生产和交易最大化地满足其利益相关者的经济利益。

二、行业协会代表同行企业利益和政府管理

行业协会属于非政府组织和第三部门的下位概念，是同行企业为增进其共同利益所组织起来的一种非营利性的、非政府性的、自律性的社团法人组织，其组织形式有行业协会、商会、同业公会、联合会等。行业协会的功能在于降低行业内企业间的交易成本，以政府和市场之外的第三方的角色参与社会治理，协调行业内成员、行业与行业、行业与政府的关系。

一方面，行业协会的基本价值导向聚焦于增进同行企业的共同利益。首先，建立行业本身就节约了同行企业间的交易成本，增进了行业会员的共同利益。从新制度经济学的角度看，建立行业协会的本质是为了减少交易成本，以协会内部的管理成本代替企业间经常发生的谈判、签约和履约的交易成本。其次，行业协会代表会员企业的利益。企业的本质追求是赚取利润，企业加入行业协会本能地出于增加自己利润的目的。加入行业协会，有助于企业获取本行业先进的管理方法和技术，了解同行企业的战略，从而提高自己的产品生产能力和市场份额。再次，行业协会可以将同行企业联合起来，防止会员企业之间盲

目、过度、不公平的竞争，增加企业和政府、同行企业博弈的力量。最后，行业协会的自律，可以提高产品质量，形成品牌效应，增强会员企业的信誉，扩大会员企业的利益。

另一方面，许多行业协会是政府管理的延伸，肩负着一定的行政管理职责。行业协会产生的基本模式可分为“水平模式”和“垂直模式”。前者是完全以企业自发组织和自发活动自下而上、由内而外形成行业协会，其典型样本是美国的行业协会；后者是由政府运用行政权力自上而下、由外而内地推动协会的成立和运作，大企业起主导作用，中小企业广泛参与，其代表是德国、日本等国的行业协会。受计划经济体制的惯性影响，我国多数行业协会的产生属于“垂直模式”，具有明显的“官民二重性”或“半官半民”特征：处于政府和企业中间的行业协会的行为受“自治机制”和“行政机制”双重支配，行业协会不仅要从企业获取资源并维护同行企业的共同利益，还要从政府获取资源，接受政府的干预和控制，一定程度上扮演政府宏观调控企业的“助理”。

三、行业企业从职业院校产教融合中获利微薄

从应然状态或理论上看，高等学校和企业在人才培养、科学研究和社会服务方面的广泛合作，可以实现优势互补、互利共赢。企业在资金、场地、信息和社会资本等资源占有上处于优势，高等学校在知识技术创新、人力资本和社会服务方面具有优势。企业和高等学校的合作，既有利于企业从高校获得人力资本、原创性知识技术和社会服务等资源，从而为企业带来产品创新、劳动力供给、咨询等利益，也有利于高校从企业获得办学资金、实习实践场地、生产实践经验等资源，从而拓宽高校的经费来源，提高人才培养质量。企业和高等学校的合作，是企业和高等学校生存和发展的共同诉求，也是知识经济时代经济发展的核心力量，因为科技是第一生产力，校企合作正好可以实现科技创新和技术转化的良性循环。

但从现实来看，企业和地方院校合作并不一定能给企业带来理论上的丰厚收益，这是校企合作中出现“剃头挑子一头热一头冷”的根本原因。首先，一些劳动密集型的中小型企业和一些从事服务业的企业，基本不需要先进技术支撑，缺乏和高等学校合作的动力。这种情况，在中西部地区的非省会城市大量存在。其次，职业院校对大企业没有吸引力。职业院校的人才培养、科学研究和社会服务水平有限，很难吸引大企业的合作。最后，部分地方政府在校企合作中的缺位，造成企业无法从校企合作中看到能激励其主动合作的收益。

从应然状态或理论上看，行业协会作为同行企业的代表和政府管理的延伸，应主动为政府和企业的合作搭桥建梁，这样既能为同行企业从高校中争取资源和利益，也可以弥补政府缺位，帮助政府促进校企合作。

但从现实来看，行业协会并没有促进企业与职业院校合作的能力和动力。一方面，我国的行业协会发育不足，多为松散组织，没有能力在学校和企业的合作中发挥实质作用。

改革开放之前，我国实行的是高度集权的“部门管理体制”，行业发展规划和目标主要由行政手段确定和实施，企业是执行行政命令的机构，而不是自主的经济实体。在这种情况下，行业协会也丧失了存在的空间和必要。改革开放以来，各行各业纷纷组建了大量的行业协会。然而，行业协会管理体制的落后和企业利用行业力量的消极意识形成了恶性循环，导致现有的行业协会绝大多数是有名无实、形同虚设，根本没有能力协调企业和职业院校之间的关系。另一方面，校企合作对行业协会来说，根本无足轻重。从行业协会的章程看，行业协会的主要职能在于协调企业和政府以及企业之间的利益关系，校企合作属于非必要公益事业和社会责任，是行业协会最不重要的职能之一。除非有政府的行政推动和行业内企业的利益驱动，否则行业协会根本没有时间和兴趣关心企业和职业院校的合作。

第三节　教师学生的利益分析

一、教师的利益分析

（一）教师的利益需求

从身份看，大学教师属于高层次知识分子，传播和创新知识以及提高精神境界是大学教师的职责与追求，所以比较注重求知和道德修养等精神需求的满足。同时，教师是教学的引导者，教师教学的对象是学生，教师在工作中接触最多的也是学生，教师理所当然希望获得学生的尊重。从人的“经济人”特性看，教师和其他行业企业的职员一样，追求基本的物质需求，也希望能自我实现、获得领导认可和职位晋升，同时履行好自己的责任，所以大学教师的利益需求也多是以自我为中心的。此外，职业院校的教师的收入有限，所以他们通常比较看重物质需求的满足和个人利益的实现。

（二）深化产教融合伤害了教师的短期利益

从对教师的成本—收益分析看，职业院校深化产教融合短期内增加了教师的教育教学成本，降低了教师的利益剩余，不利于调动教师深化产教融合的积极性。深化产教融合大幅增加了教师的工作量，却没有相应地提高薪酬。总体来看，深化产教融合，改革的重点和难点在教师。职业院校深化产教融合对教师提出四点要求：更新教学内容、改革教学方法、参加校外培训和侧重应用研究——这都会增加教师的成本。更新教学内容，意味着教师要根据产业发展和生产一线的实际重新备课，打破教材体系，自主构建教学内容。改变教学方法，意味着教师要从很大程度上减少使用成本较低的讲授法，更多地使用一些耗费时间、精力且难度更大的教学方法等。参加校外培训，意味着教师要适应新的环境，放弃假期的闲趣和收入。侧重应用研究，意味着教师要慎重选择研究问题，将研究与生产实践相结合。可以说，职业院校深化产教融合的结果，让教师这份职业变得更不轻松，教师整体生态成为改革最大的反对者，这种反对的表现形式可能不是集会或者“发声”，而更多的是一种改革中的“不作为”或“假作为”。严重的是，职业院校深化产教融合直接关系到教师的“去留”。深化产教融合，要求学校根据地区产业发展需求调整专业设置，缩减甚至取消部分不适应产业发展需求的专业。过去，职业院校专业是因教师而设，即因为学校聘请了某专业的教师，所以学校要报请教育主管部门开设相关的专业，进而再招收学生。现在，职业院校的专业是因产业发展需求而设，专业的背后是教师，调整专业的潜台词是调整教师，让被调整的教师“转业”甚至“失业”。

虽然从长期来看，教师与学生、学校休戚相关，教师深化产教融合有利于提高人才培养质量，促进学生就业，增强职业院校的市场竞争力，从而增加自身的福利，包括获得尊重、稳定工作、晋升职位和增加薪酬等。但是从短期来看，职业院校深化产教融合，增加了教师的成本，伤害了教师的利益，且没有为教师提供相应的奖励或补偿，降低了教师的产教融合动力。

二、学生的利益分析

（一）学生的利益需求

大学生是拥有教育需求的求学者，有较强的求知欲，渴望通过学习提升自己的能力，促进自己的发展，所以比较关注精神需要的满足和自身能力的提升。另外，大学生也具有“经济人”特性，希望通过大学教育提高自己将来的收入，进而过上幸福的生活，而且他们的物质需求相对迫切，所以比较关注工作、收入等基本生活需要。

（二）深化产教融合短期内无法显著增加学生的利益

职业院校深化产教融合主要是通过学校变革促进学生的发展和地方经济社会的发展，学生是产教融合最主要的受益主体，本该具有较强的产教融合动力，然而调查发现，不少学生对产教融合持漠不关心的态度。出现这种情况的原因有三点：

一是深化产教融合短期内无法显著提升学生的就业水平。1789 年，德国学者席勒在耶拿大学的一次演讲中指出，在大学中存在两种类型的学生，一种为谋生而求学，另一种是为学术或学问本身而求学。在席勒看来，谋生型求学者学习的目的仅在于得到好的职业，改善其物质情况，满足其追逐名誉的需要。反对大学中功利观念的席勒提倡学生应追求学问及其探究与整合本身，而不是将其视为达到世俗目的的手段。然而，席勒的主张可能更多地适用于古典的研究型大学，在现实中，大量学生是为谋生而求学，更直接地说是为找到可以为其带来丰厚收入、名誉和社会地位的工作而选择读大学。但是，职业院校的文凭价值有限，在高等教育劳动力市场供过于求的情况下，深化产教融合很难在短期内提高其文凭价值，让学生找到好的工作。所以，不少学生对产教融合漠不关心，只希望尽快毕业。

二是学生在产教融合中处于被动的地位。在产教融合的诸多主体中，政府属于推动者，学校管理人员属于改革方，教师属于改革对象，行业企业属于配合方，学生属于改革的受益方和服从者。从理论上说，学生不应仅仅是改革的服从者，而应充分维护自己的受教育权，给产教融合的改革方施加压力，并发挥主观能动性积极参与产教融合。实际上，在教育生产者导向的推动下，学生及其家长几乎没有能力和权力监督学校提高教育质量，只能被动地接受低质量的教育或者学校变革产生或好或坏的结果。如此，学生也很难发挥自身的主观能动性，积极参与到职业院校深化产教融合的改革之中。

三是学生也具有机会主义倾向，有着反对深化产教融合的一面。学生不是完美的天使，他们同样追求享乐和不劳而获，希望尽可能轻松地通过考试和毕业，学生在求学过程中偷懒、蒙混、作弊的现象也屡见不鲜。其实，学生的机会主义倾向早已被人所认识，为此还制造出一系列抑制学生机会主义的措施，如教育惩罚和道德教育。中国古代的《学记》有云，“夏楚二物，收其威也”。夸美纽斯则指出，教育要从一个无可争辩的命题开始，即犯了过错的人应当受到惩罚，而为了制止学生的邪恋倾向，必须适当使用纪律与惩罚。深化产教融合增加了学生学习和考试的难度，要求学生更加勤奋和务实，这使学生的学业变得不那么轻松，一些学生受机会主义驱使，反而变成了产教融合的反对者。

第三章　产教融合质量评价体系的构建

提高质量是地方院校产教融合发展的永恒主题，是构建地方院校产教融合质量评价体系的最终目的。地方院校产教融合质量评价体系的构建，需要以理论与实际需求为基础，充分考虑学校、企业、行业、教师、学生和企业职工等各参与主体的现实需求。基于此，本章对产教融合质量评价体系的构建、地方院校产教融合的现状分析、当前地方院校产教融合的评价分析、新型地方院校产教融合质量评价机制的构建进行了深入研究。

第一节　地方院校产教融合的现状分析

一、地方院校产教融合缘起——从卓越计划到产教融合

为了全面贯彻落实党的十七大提出的国家发展战略，优化我国教育结构，提高高等教育质量，以达到推动我国产业结构优化升级、加快转变经济增长方式的目的，教育部于2010年6月在天津大学召开“卓越工程师教育培养计划”（简称“卓越计划”）启动大会。卓越计划是教育部贯彻落实《国家中长期教育改革和发展规划纲要（2010—2020）》和《国家中长期人才发展规划纲要（2010—2020）》的重大改革项目。卓越计划是促进我国由工程教育大国迈向工程教育强国的重大举措，旨在培养造就一大批创新能力强、适应经济社会发展需要的高质量工程技术人才，为国家走新型工业化发展道路、建设创新型国家和人才强国战略服务，对促进高等教育面向社会需求培养人才、全面提高工程教育人才培养质量具有十分重要的示范和引导作用。随后，我国很多高校将这一思想作为指导，用以改革传统的教育教学模式。

卓越计划实施的专业包括传统产业和战略性新兴产业的相关专业。要特别重视国家产业结构调整和发展战略性新兴产业的人才需求，适度超前培养人才。卓越计划实施的层次包括工科的本科生、硕士研究生、博士研究生三个层次，培养现场工程师、设计开发工程师和研究型工程师等多种类型的工程师后备人才。

经过十年发展，卓越计划在推进工程教育改革、提高工程教育质量方面取得了很大成绩。分有三批共计 354 所高校，1200 多个本科专业，520 多个研究生学科领域参与到卓越计划中，涵盖了本科、硕士、博士三个学位层次，“985”工程，“211”工程，地方院校等多种类型高校[1]。参与面之广、覆盖学生之多是我国教育发展史上罕见的。卓越计划没有经费支持，大部分经费都需要学校自筹解决，但是仍有众多学校参与，足以证明卓越计划的重要意义和高等工程院校参与工程教育改革的主动性和积极性。

国家高度重视卓越计划的实施，中国科学院根据我国工程教育的实际，制订了卓越计划通用标准，用于指导工程教育改革，并为工程教育人才培养指明了方向。经过十年的探索发展，卓越计划取得了很大成绩，特别是受到各高校高度重视，均成立了工作领导小组和专家指导委员会，有的学校也成立了专门的管理机构，保证了卓越计划的顺利实施；同时，卓越计划遴选了大批优秀学生进入卓越班，通过小班的方式进行管理，实施小班化教学和动态的管理制度；不断完善培养标准和创新培养模式，各学校能够参照工程教育通用标准和行业标准，制定学校的人才培养标准，把人才培养当作产品，进行系统构思组织和实施，将课堂教学与企业生产实践相结合，整合课程资源体系，确保学生获得完整的知识，提高实践能力；各个学校能够按照卓越计划要求改革教学方法和教学手段，增加研讨课、前沿课等新课程，优化课程体系，做好课程衔接，增加案例教学、专题教学等教学环节和教学内容，改变了传统的填鸭式教学；部分高校还组建了卓越计划联盟，比如北京航空航天大学牵头，16 所高校成立了卓越计划联盟；在工程教师队伍建设方面，各个高校都加大了工程教师队伍建设，调整了教师评聘方案，增加工程型教育评聘标准，提高教师参与工程教育的积极性，并且各高校都能积极聘请具有丰富工程实践经验的企业人员担任兼职教师，创建了一批工程能力强的高水平教师队伍；同时，卓越计划试点高校能够同国际工程教育接轨，大力推进国际开放度，积极开展国际合作办学，加强国际合作交流，提高人才培养国际化水平，通过“走出去，引进来”，积极引进国外优质教育资源。

随着卓越计划的深入开展和不断反思总结，一些问题陆续出现。企业参与人才培养积极性不高的问题仍没有从根本上解决，工程教育队伍建设仍存在很多问题，广大学生对卓越计划认可度有待提高。为解决上述问题，首先要赋予企业在人才培养过程中的话语权，要促进产业和教育深度的合作，把产学研作为促进经济社会发展的重要步骤。因此，产教融合的声音不断加强，以产教融合作为卓越计划升级版的呼声也开始出现。2017 年 12 月，《国务院办公厅关于深化产教融合的若干意见》（国办发〔2017〕95 号）就提出“制定目

[1] 侯永峰，武美萍，宫文飞，等. 深入实施卓越工程师教育培养计划，创新工程人才培养机制［J］. 高等工程教育研究，2014（3）：1－6，22.

标计划，整合教育，发挥重要产业在办学中的作用，使产业深度参与办学，建立校企合作办学体制，促进教育和产业融合发展，建立需求导向型的人才培养模式，从根本上促进职业教育发展，支持高等教育、产业改革和经济发展”。2019 年 2 月，国务院《国家职业教育改革实施方案》（国发〔2019〕4 号）发布，指出“要从促进产教融合校企‘双元’育人、建设多元办学格局、完善技术技能人才激励保障政策、加强职业教育办学质量督导评价等方面，提升职业教育现代化水平，为促进经济社会发展和提高国家竞争力提供优质人才资源支撑”。2019 年 4 月，国家发展改革委和教育部联合发布了《建设产教融合型企业实施办法（试行）》（发改社会〔2019〕590 号），提出重点建设培育国家急需产业领域企业，鼓励支持企业多种方式参与教育，深度参与“引企入教”改革。2019 年 9 月，国家发展改革委、教育部等六个部门联合发布了《国家产教融合建设试点实施方案》，积极促进教育链、人才链与产业链、创新链的有机衔接。经过近五年的艰苦努力，在全国范围内建立和培育了上万家产学结合型企业，建立了产学结合型企业体系和联合推广政策体系。2020 年，国家发展改革委联合教育部、人力资源部开展产教融合型企业试点申报工作，截至 12 月，全国已建立了 800 多家产学结合企业，并试点了 21 个产学结合城市，产教融合之路迈向了新台阶。

综上所述，卓越计划实施十年来，我国工程教育改革步伐加快，提高了工程人才的工程实践能力和创新创业能力。随着产教融合的不断完善，进一步深化校企合作，发挥企业在人才培养的主体作用，成为今后一时期卓越计划的改革方向，促进卓越计划从精英教育向大众教育转变，真正实现工业大国、教育大国向工业强国和教育强国转变。

二、国内地方院校产教融合的主要模式

（一）建立产教实习基地

产教实习基地是地方院校丰富教学实践、提高学生综合素质和专业技能的主要实践场所。产教实习基地的建设主要有两种：一是由高校自行投资建设，主要目的是提高学生的社会实践能力和综合素质，为加快学校科技研发创新提供平台，由学校委派有关人员组成实习基地的领导机构，对实习基地日常运行进行管理，属于校方的固定资产；二是由学校与企业、科研院所联合建设或运行，双方按照事先签订的协议在人才培养、科技研发、成果转化、生产营销等方面各取所需。

（二）校企联合建立学生实习实验室

实验室主要是为学生提高专业技能和社会实践能力而提供锻炼的平台，目前可供学生利用的实验室主要有两类：一类是高校自身实验室，主要用作教学场所，供教师和学生使用，鼓励师生参加科研、投身科研，多产出科研成果；另一类是高校和企业、科研院所共

同建立的实验室，企业主要是借助这一平台加快科技成果向现实生产力的转化，提高企业自身的科研水平和产品竞争力，高校的目的主要是提高学生的专业技能和实践能力，创新产学研教育模式，鼓励学生在实践中积累经验，为将来走向社会打好基础。

（三）共同建立工程技术研究中心

工程技术研究中心是高校和企业根据各自的实际需要联合建立的，运作方式上主要是由企业出资建设，地方院校提供人员和工程项目，企业对工程中心的科研成果具有优先选择和使用权。在科技研发上，工程技术中心主要是围绕某一领域或科技专项攻关项目进行研究，研究课题不仅具有科学性和基础性，而且在技术上处于领先地位，工程中心研究项目一般以工业领域的科研目标为主。在实践中，工程中心的某项科研项目或重大攻关成果，往往都能为企业、为社会创造出巨大的经济效益和社会效益，高校的科研工作者在科技成果的发明创造中也得到了锻炼和提升，丰富了教学和科研经历。

（四）推动科技成果向现实生产力的转化

在科研工作中，地方院校和科研院所以市场需求为导向，把开展产学研合作作为创新教育教学模式，培养工程技术人才，密切高校与社会之间联系的重要突破口。通过加强与企业间的协作联系，加快科技成果在企业生产中的运用，提高科技成果转化率。企业在利用这些科技成果时，以向高校或科研院所支付一定费用或者允许高校以科技入股的形式参与企业的生产销售的方式，获取利润分成，从而实现双方的互利共赢，这种合作方式称为技术转让。技术转让既可以弥补高校办学经费的不足，还可以降低企业的研发成本，缩小产品的研发周期，提高科技成果转化率，有力地促进我国经济社会的发展。

（五）设立各类教学奖励基金

随着地方院校产教融合教学新模式的推广应用，高校与社会的距离不断缩短，高校科技成果的转化和应用带来了巨大的经济效益和社会效益，高校服务社会的功能得到充分发挥，进而吸引企业和社会爱心人士纷纷出资资助大学的教育工作。名目各异的奖教、奖学基金纷纷成立，有效地激发了广大师生的工作与学习热情，有力地促进了教学和科研水平的提高。

三、国内高校产教融合存在的主要问题

目前，中国已全面建成小康社会。工业化、信息化、城镇化、农业现代化同步发展。产业结构的调整、生产方式的变革、经济社会的转型等重大的变革带来的必然是社会职业岗位的重大变化，行业、企业对技能型、应用型、创新型、复合型人才的需求明显加大。

然而，当下地方院校人才培养与社会的需要的预期还有很大的差距，甚至渐行渐远。

一方面，企业和各类机构迫切需要的是能够开拓事业、承担责任的各类人才，但现实状况却不尽如人意；另一方面，每年数百万的大学毕业生急于落实工作单位，却很难找到愿意给他们提供就业岗位的单位。与就业难和地方院校产教融合的水平不高相对应的是，用人单位高薪也难以聘用到合适的人才，中国中高级技术技能人才需求缺口逐年扩大。正是基于此，如果地方院校在人才培养路径上不做出改变，那么就不仅影响国家高等教育结构的均衡发展，而且也严重制约了区域经济社会的发展。

就业难还并不是唯一存在的问题，就业产教融合的水平不高的情况也十分严重。在就业难的形势逼迫下，很多大学生选择非自愿就业。在少部分对口就业的大学生中，55.6%的学生认为所学知识难以满足工作的需要。

一方面是“用工荒”，另一方面是“就业难”，高校人才培养与社会的需要之间存在较大差距已是不争的事实。主要问题绝不是数量问题，实质上是人才培养标准的问题，也就是标准错位。深化产教融合、校企合作，培养大批技能型、应用型、复合型人才是经济社会发展对地方院校提出的新要求，主动适应经济社会转型发展新常态，充分发挥企业主体在实践型人力资源培养中的作用，是全面提高地方院校产教融合的水平，提高大学生创新创业能力的重要渠道和必经之路，更是地方本科院校生存、发展的内在需要。

中国高等教育进入大众化后，虽让更多的青年学子圆了大学梦，但随之也带来了一系列问题，特别是给地方院校改革人才培养模式、产教融合水平提出了更高的要求和更加繁重的任务。历史和实践告诉我们，高等教育必须适应经济社会的发展，否则就将受到惩罚，牛津大学和剑桥大学都曾经有过前车之鉴。当 18 世纪 60 年代英国产业革命兴盛之时，产业革命中的技术并不是直接源于英国的高等教育，英国的高等教育与产业革命是一种疏散的关系，高等教育对产业革命没有发挥出应有的作用，牛津和剑桥两所大学对于正在发生的产业革命采取“事不关己”的态度，自我封闭严重，宗教限制严格，学术风气退步，教学水平下降，考试制度僵化，与时代需求严重脱节。[1] 结果，两所学校都陷入了长达近一个世纪的衰退。反而是伦敦大学和一系列城市学院在产业革命中的兴起带来了大规模的新大学推广运动，他们革新教学方式，承担了许多市场运行中的技术科学实验和研发工作，从而迎来了英国高等教育的全新发展，也实现了高等教育和产业发展技术的有效对接和助推。

校企合作和产教融合是在职业教育发展过程中应运而生的，相较于西方发达国家，我国的职业教育兴起较晚，校企合作也相对滞后。从现状看，地方院校人才培养模式仍处于较低层次的校企合作阶段，还没有达到产教深度融合的理想状态，主要表现在以下六个方面。

---

[1] 周详. 工业革命与英国教育的兴衰——基于“勤勉革命”的视角 [J]. 高等工程教育研究，2013 (4)：64-74.

（一）合作不稳定，融合渠道不贯通

由于企业与学校在性质、体制、功能和结构上的不同，在初期校企双方很难实现真正意义上的合作。公司的发展方向是利润，需要创造经济效益，正是基于此，其缺乏与高校开展校企合作的动力。大多数校企合作关系的建立与维系主要还是靠人脉关系和信誉。这样建立的合作关系，大多是短期的、不规范的、难以持久的低层次合作，未能形成统一协调的、自觉的整体行动，合作的成效参差不齐。要真正解决这些问题，就要尽快构建由政府主导的校企合作政策与管理机制，以立法的形式制定有关校企合作的法规或条例，明确政府、行业企业、高校在校企合作中的职责和义务。完善的制度内容是地方院校产教融合发展的根本保障，也是地方院校人才培养工作顺利开展的基础。要改变我国地方院校发展现状，加快落实产教融合政策，需要各级政府出台与之配套的规章制度。虽然地方政府出台了一些助推校企合作的地方性文件，但是政府的提倡只停留在政策层面，缺乏刚性约束机制。在鼓励措施方面，与传统意义上地方院校单一的教育模式不同，助推地方高校产教融合需要不同行业企业的积极参与，协助地方院校开展教育活动。由于目前政府机构所出台的政策在内容设计上较为宏观，缺乏强制性，在产教融合深入发展阶段无法规范企业的参与行为，所以不少企业在校企合作教育开展过程中仅仅关注自身的经济利益，不愿主动融入学校的人才培养过程；校企之间缺乏更深层次的交流，难以体现产教融合发展的现实意义。在各种制约因素的影响下，当前地方院校产教融合制度建设依然存在诸多不足，尤其在鼓励措施、管理机制、法律和法规建设等方面，难以为产教融合的顺利开展提供保障。自 2014 年起，尽管国家针对教育发展现状，在产教融合政策制度建设方面投入了大量精力，国务院也在《关于加快发展现代职业教育的决定》中明确强调了在职业教育发展中落实产教融合的重要性，充分肯定了产教融合的价值，但在产教融合发展的相关法律和法规建设上较为滞后，致使不少地方院校在与企业合作出现争议时，无法通过法律途径维护自身的权益。

在管理制度和模式建设方面，作为一个系统的发展工程，产教融合的深入实施需要高校、政府及社会企业三大主体的相互协调及配合。政府部门作为协调性机构，应在实际发展过程中发挥自身的组织协调作用，通过建立相关制度，明确高校、行业、企业等主体在产教融合实施过程中的地位、责任分工，监督校方、企业单位工作的落实。尽管产教融合政策出台以后，教育部门在职业教育法中明确了政府、高校及企业的责任，但没有详细规定各组织机构的具体责任内容，致使国内产教融合政策实施时存在缺乏主体或主客体颠倒的情况。此外，与其他经济政策类似，产教融合政策的实施也需要国家法律和法规的保护。传统的学校教育制度偏重于院校自身发展而忽视面向经济建设的发展，这导致在理念和认识上存在诸多误区，各地各院校对产教融合缺乏共识。

目前，国家和地方在地方院校产教融合方面的法律和法规建设上仍显薄弱，相关条款

的力度、操作性与约束性也存在不足。在此情况下，产教融合往往容易流于表面，不够深入，企业参与产教融合的驱动力欠缺、有效性不够，存在浮躁、急功近利的现象。地方院校深化产教融合的政策体系、标准体系、统计体系、绩效评价等亟待加快形成。尤其是当前大数据已成为国家重要基础性战略资源，正发挥着引领全局、覆盖全面、贯穿始终的独特作用，引导着人、财、物等各类资源各尽其用。在此背景下，更加需要加快完善统计、分析与评价体系，及时反映产教融合的水平与效益。《国务院办公厅关于深化产教融合的若干意见》要求“积极支持社会第三方机构开展产教融合、效能评价，健全统计评价体系”，并要求“强化监测评价结果运用，作为绩效考核、投入引导、试点开展、表彰激励的重要依据”，若能够加快落地，将对深化产教融合、突破瓶颈发挥重要的作用。产教供需的双向对接困难重重，市场的优秀力量难以进入地方院校专业教学。产教融合的育人价值在于把产业升级的先进技术、先进工艺等融入教育教学资源与教育教学过程中，使专业教学能够不断对接产业发展、服务产业发展。[1] 但是，由于地方院校体制内教师的专业能力往往难以适应产业升级和技术高速、高质量发展的要求，加上繁重的专业教学课时压力，所以专业教师既缺乏对接产业发展的能力，也缺乏吸收产业先进技术元素的时间和动力。而行业企业和社会培训机构在面向市场、对接产业升级和技术发展方面具有优势，作为体制外的存在，是要以灵敏的嗅觉与快速反应才能生存和发展的，它们可以为地方院校面向市场、对接产业发展需求提供优质的课程资源和教学服务。但是，由于市场治理结构还不完善，既缺少体现市场合作和产业分工的专业化教学服务组织，也缺乏引入这些市场优秀力量的动力和机制。

（二）合作模式单一，合作内容不深入

地方院校要实现人才培养、终身教育、技术创新、社会服务等功能，必须与行业企业紧密结合，与地方社会经济发展实现良性互动，校企合作、产教融合应贯穿于人才培养的全过程。校企合作的深度和广度直接关系着人才培养、产教融合的水平高低和地方院校服务社会功能的实现。然而现阶段我国地方院校正处于转型发展的初期阶段，校企合作主要局限于共建学生实习基地、订单式培养、岗位实操等，一些高校探索产业研究院的模式，但总体来看，合作模式比较单一，合作内容不够深入、系统。出现这种局面的原因是多方面的，主要是校企双方对合作内涵和意义认识不到位，没有建立起长久合作的发展制度和约束机制，企业出于自身的原因对合作缺乏动力和热情，地方院校对校企合作准备不足，没有制订出科学合理的校企合作方案。

作为实施政策的协调组织及监督机构，政府部门在地方院校产教融合政策的实施中有着决定性影响。在经济法律文件中，没有针对校企合作、产教融合出台专门规定，也没有

---

[1] 马树超，郭文富. 高职教育深化产教融合的经验、问题与对策［J］. 中国高教研究，2018（4）：58－61.

建立学校与企业之间经济利益的分配标准。虽然国家在产教融合的政策建设上做出了大量的努力，并于 2017 年 12 月印发了《国务院办公厅关于深化产教融合的若干意见》，其中对强化企业重要主体作用做出了相关的任务类分工，但从分工内容上来看，仅仅进行了宏观层面的规划指导，在具体的制度建设上还有很长的路要走。一旦具体制度建设无法跟上产教融合的发展步伐，将很难引导校企双方走规范化合作道路。尽管在国家的号召下，教育部门现已通过文件发布的形式，进一步完善了产教融合发展政策，要求校企加强交流与合作、共同培养更多高素质的技术技能型人才，但现有政策文件在内容设置方面多以鼓励、倡导为主，缺乏执行层面的引导性政策，导致校企双方难以在产教融合实施过程中形成默契。实践表明，产教融合的深入发展必将涉及不同主体资源的整合，在整合过程中因不同主体而考虑的侧重点不同。正是基于此，在校企合作的责任、权利及利益分配上极易出现分歧，需要国家通过法律和法规给予明确规定，保障校企合作更加有序。然而，如今国内立法机构尚未针对地方高校产教融合建立一套较为完整的法律制度体系，仅有国务院相关部门、地方的法律和法规有一些提及。

此外，实际调查发现，尽管诸多地方院校在多年的产教融合尝试中已经积累了丰富的发展经验，但仍然没有权威机构建立一套完整的指导性手册，以明确企业参与地方院校人才培养的具体要求，指出企业可享受哪些方面的优待、需承担哪些义务及责任。法律、制度及政策方面建设迟滞，使不少地方院校在产教融合发展中难以与企业建立长久合作机制。由上述情况可见，当前政府部门在地方院校产业融合发展的政策推广方面存在诸多不足，致使不少地方院校还未全面了解产教融合发展的实质内涵。整体来看，目前政府机构在产教融合推广方面的不足主要体现在以下几个方面：

第一，未能及时根据校企合作的现实状况出台相关管理机制，明确校企双方的分工。

第二，未将职业资格证书与人才培养的关联性体现出来，致使校企双方的合作缺乏规范性。

第三，还未明确自身在校企合作中的地位，未将组织协调作用发挥出来。

第四，尚未根据社会主义市场经济情况，建立社会化评价体系，尚未对参与产教融合企业的资质进行客观评价，确保校企合作产教融合的水平。多方面的不足导致校企双方在实际合作中流于形式，难以形成真正的默契，无法合力培养高技能型人才。

缺乏法律保障。在产教融合、校企合作中，对于校方与企业的责任和义务、风险与收益、资质与范围等内容没有明确的法律规定，学校、学生和企业在产教融合中的合法权益得不到保障，产教融合难以顺利开展。

缺乏组织保障。学校和企业之间缺乏沟通的桥梁和协商的平台，没有统一的组织协调部门，导致产教融合难以大规模、高效率、有条理地开展。

缺乏制度保障。一方面，地方院校缺乏产教融合的制度保障。大部分地方院校都处于产教融合的探索阶段，在学时分配、教员配置、资金投入、学生考核等方面都缺乏制度规定，导致产教融合难以走规范化道路；另一方面，地方政府、企事业单位和教育行政部门缺乏对产教融合的指导性文件，导致产教融合缺乏理论指导和行为规范。

受到传统教育观念的影响和办学条件的限制，部分地方院校还没有形成产教融合的意识，仍然坚持“重理论、轻实践”的教学理念，在课程设置、办学模式、师资力量等方面的条件无法满足产教融合教学的需求，给产教融合教学模式的构建与实施带来困扰。

课程设置不够完善。地方院校在专业设置、课程内容、课程结构等方面存在较大缺陷，专业设置存在盲从、跟风、墨守成规等问题，导致学科发展无法满足企业需求，学生就业困难；课程内容存在教材陈旧、技术落后、知识更新缓慢等问题，导致理论知识的传授与企业实践脱轨；课程结构存在课时分配不合理、理论无法联系实践等问题。

办学模式创新不够。地方院校在办学模式上一是过分强调整齐划一，缺乏行业特色、无法满足企业具体需求；二是基础设施落后，无法带领学生积极开展教学实践；三是战略定位落后，没有带领学生参与社会实践，走进工作岗位。

师资力量不够。产教融合要求教师不仅具备深厚的专业理论知识，更要具备丰富的职业经验和良好的专业技能，地方院校教师能否完成思想观念上、角色位置上和业务能力上的转变，满足产教融合的需求，成为产教融合能否顺利开展的关键。

目前，许多企业还没有意识到产教融合能给企业带来的切实利益，认为校企合作就是将企业作为学校的实训基地，履行培训学生的职能，无法为企业创造价值。对于产教融合在助推企业创新、提高员工素养、提高生产水平和效率等方面的作用持不乐观的态度。

（三）在合作对象的选择上存在误区

在社会主义市场经济背景下，行业之间的分工日益明确，企业的生产功能与学校的教育功能逐渐划分出明确的界线。在行业竞争压力日益激烈的今天，不少企业缺乏参与产教融合的发展动力，即便是响应国家政策来参与地方院校产教融合，也多半是浅尝辄止，不愿与校方开展深入合作。作为以营利为发展宗旨的企业，以追求利益最大化为主要目标。校企双方在合作对象选择上都存在认识误区和实践误区。很多地方应用型本科高校在校企合作方面，往往急于求成，片面追求高大上，把目标瞄准域外大型行业企业，追求轰动效应，满足虚荣心理，结果由于自身条件和区位限制，合作效果不佳。从企业行业来看，企业在选择合作对象时，往往患得患失，追求短期利益，缺乏长远战略。由于地方院校处于转型发展的初期，能够为企业提供直接利益的能力有限，所以在短期利益驱动下企业不愿承担校企共育人才、扶持地方院校发展的社会责任，即使合作也更愿意选择那些科技研发能力强、人才培养产教融合的水平高、能够带来直接经济利益的老牌高校。由于校企双方合作理念、合作目的相左，利益相悖，如果缺乏约束机制，校企双方很难走到一起，即使勉强合作，也不会有好的效果。从表面看来，由于人才培养需要耗费大量的人力、物力及财力，所以不少企业在实际发展过程中，并不愿意将人才培养纳入产业价值链，更倾向于借助产教融合与校方展开合作，以此降低自身的人才培养成本；但发展事实表明，企业与校方开展合作并非“免费”，它们也需要向学校提供大量的资金、设备，为地方院校教学活动的开展提供保障，甚至也会定期到校参与学校举办的实践课程教学，这也将耗费大量的资金。正是基于此，与和校方合作相比，企业更倾向于将设备及资源用于内部人才的培养上，这样一方面能体现出自身的人性化管理，提升对优秀人才的吸引力；另一方面也能将资金用于购买专业化设备或直接投放到生产一线，为企业带来经济利益。国内不少发展较为成熟且资金较为雄厚的企业，若非考虑企业社会形象的塑造及企业品牌知名度的提升，并不愿意主动加入地方院校的产教融合发展队伍。与此同时，反观我国多数中小型企业，出于运营资金的压力，在转型升级阶段一般只有在岗位需要人才时才会招聘，平时并不注重人力资源的储备，也没有将更多的精力和财力放在产教融合发展中。大型企业的不屑一顾及中小企业的力不从心，使地方院校产教融合陷入进退两难的局面。此外，地方院校作为以培养应用型人才为主的组织，与其他普通院校相比，在理论创新方面较为薄弱，也难以给处于转型升级中的企业带来具有潜在商业价值的思想。学校以培养人才为主要目的，强调“过程比结果重要”；企业则强调“结果比过程重要”，认为能为企业带来经济利益才是关键。这两种相反的思想主导的规章制度，若用于对同一群学生的培养，必然出现冲突，加剧校企双方的矛盾。在诸多因素的制约下，企业参与地方院校产教融合的积极性和动力不足。

虽然大型企业愿意为学生提供顶岗就职的机会，但因现有的技术能力有限，岗位实操结束以后能留岗就职的学生数量较少，所以不少企业参与产教融合的投入资金与收入难成正比，反而给其生产埋下了诸多安全隐患，这致使校企双方在合作过程中难以实现共赢，也导致企业在产教融合发展过程中的积极性不高，不愿意投入过多的精力和资金成本。除以上两点因素以外，校企双方的文化差异，也是当前不少企业不愿积极参与产教融合的主要因素。

（四）校企合作的经费难以保障

校企合作是一个复杂的系统工程，校企双方联合进行科技研发，共建科研和学生实训平台，都需要投入大量的人力、物力和财力。但现状是，国家和大多数地方政府鼓励和助推校企合作的奖励拨款制度和财政拨付机制还不完善，国家对深度参与地方高校人才培养的企业减免税费、信贷优惠政策还没落实到位，社会捐助渠道也不畅通。从企业层面来看，按照校企深度融合共育人才的要求，企业应当全程参与教育，对人才培养投入一定的人力、物力资源，但是目前的校企合作关系设计多以学校为中心，无法保障企业在合作中的获益，导致企业的积极性不高。从高校层面来看，部分经济发达地区的高校，经费比较充裕，而那些经济欠发达地区的高校，经费本身就不充裕，投入有限，校企合作的深度难以保证。作为行业发展的指导性组织机构，行业协会对于经济社会行业发展有促进作用，能够根据社会主义市场经济的变化完善岗位职能。目前，我国政府为了保证经济的有序发展，通过政策文件的发布强化了自身的管理职能，在很大程度上削弱了行业协会的指导职能，无法为产教融合发展保驾护航。尽管在产教融合实施阶段教育部门出台了一系列政策性文件配合行业协会开展工作，但取得的效果并不尽如人意。另外，在我国相关法律文件中，行业协会在地方高校发展中的指导地位并未得到保障，没有充分体现其社会价值。之所以产生以上问题，除了国家法律规定缺位以外，也侧面反映了国内行业协会自身发展的不足，尤其体现为对行业岗位标准及课程标准建设的指导作用有限，在助推地方院校产教融合上缺乏相应的法定职能。目前，全国已成立六万多个行业协会，大致可分为中央、省级、市级与县级四大层次，在少数民族地区也相继开设了自治行业协会，为市场行业的有序、协调发展做出了巨大贡献。然而，在科技创新及商业运营模式变革的双重引导下，国内职业岗位发生了翻天覆地的变化，致使国内行业协会难以根据市场发展走势，给出更为详细的职业标准，协助企业发展。地方院校产教融合涉及的内容较为丰富，除基本的人才培养以外，还需协助企业开展技术研发、产品创新等工作。日益丰富的教学内容和人才培养模式虽为职业院校教学产教融合水平的提升提供了发展路径，但也意味着需要投入更多的启动资金。地方院校产教融合如果仅依靠政府有限的经费投入往往难以为继。由于目前尚未建立与之配套的资金投入保障制度，加上科研创新存在诸多偶然性及不确定性，所以大部分企业不愿意将大量经费注入职业院校产教融合实践中，开展的诸多科研工作也时常因为经费问题陷入困境。现阶段如何确保地方院校产教融合资金的稳定投入，已成为业内人士探讨的核心。如果该问题不能及时解决，势必导致地方院校产教融合的价值大打折扣。

（五）双师型师资队伍建设滞后

校企合作需要校企双方共建一支具有双师素质的高水平师资队伍，很多转型发展的地方院校已经采取多种措施开展双师型队伍建设，但就现状来看不容乐观。很多地方高校刚从职业院校转为应用型高校，原来的师资以理论知识的传授为主，无法适应实验、实践等实践型人力资源的培养工作，更谈不上和行业、企业联合进行科技研发等应用型科学研究，服务地方社会经济发展的能力有限。而企业师资虽然实践动手能力强，但多数理论功底不足，且缺乏从事高校教学的基本技能和方法训练。师资队伍的薄弱严重制约了产教融合的深度和广度，影响了实践型人力资源培养的产教融合的水平。

（六）产教融合的水平保护机制和评估体系的缺位

有的学校即使制定了管理制度和产教融合的水平标准，在执行过程中也存在这样那样的问题，导致有章不依。例如毕业实习，很多高校学生实习时间长达一年，但如何对学生实习尤其是分散实习进行有效管理，如何规定高校和企业指导教师的职责，如何评价实习效果等这些问题还没有得到很好的解决。产教融合的水平保护机制和评估监督体系的缺位和不完善，导致目前大多数高校的校企合作处于散乱无序的状态，更谈不上保证产教融合的水平。

从目前情况看，校企合作各环节如专业设置、师资队伍建设、实验室建设、课堂教学、就业前实践、毕业设计都缺乏与实践型人力资源培养相适应的产教融合的水平标准和规范的管理制度。

第二节　当前地方院校产教融合的评价分析

评价体系的建立对于地方院校产教融合质量具有重要的指导作用，职业教育不同于普通教育，要建立行业企业和社会共同参与的评价机制，以贡献为导向的学校评价模式，以及以能力为核心的学生评价模式。目前，由于相配套的制度、标准没有全面建立和完善，很多专业领域开展较为统一和完善的评价体系建设工作存在一些不足，但是通过学习和借鉴国内外已建立和成熟的质量保障体系，有利于产教融合的育人工作更加优化。如借鉴德国应用科技大学和双元制大学教学质量保障体系，引入人才培养的国际化标准和资格证书制度，参照行业、企业岗位标准，建立科学的人才质量保障体系等。

一、评价体系存在的问题

（一）缺少企业等社会环节参与评价

目前地方院校课堂教学和实训教学的质量监控主体主要以学校为主，且监控职能附属于教务处，社会、企业的参与相对较少，缺乏相对稳定的制度保障或流程机制。而国外的发达国家特别是应用技术大学的评价标准特别重视企业或实践者的参与，如奥地利应用技术大学的外部评估过程，评估小组必须包括一名应用技术大学学术管理人员，一名具有高等教育学校评估经验的专家，一名企业或非营利组织管理者和一名学生代表；荷兰应用技术大学的评估过程中，实地考察委员会的成员主要由该领域的实践者组成。产教融合专业人才培养的教学质量监控，实践教学环节是重心，而该环节中缺失企业的真正参与，使得对学生实习实训环节的监控流于形式，无法对职业能力训练和职业能力养成作出客观评价。

（二）缺乏对学生学习全过程的监控

在专业人才培养过程的监控中，学校往往比较重视对教师教学过程的监控，而容易忽视或放松对学生学习行为效果的监控，尤其对学生的学习投入、学习习惯、自我管理、学习动力缺少关注，从而导致学生学习习惯和自我约束能力都没有得到很好的纠正和提高。产教融合的教学要求坚持受教育者德、智、体、美、劳有机统一，全面发展，使合作培养的对象既能顺利就业，胜任岗位工作，又能持续就业创业。因此，第三方评价机构经常以学生毕业后的发展作为评估学生培养质量和学院教学水平的着手点，经常考察毕业生高就业与高收入、就业去向、就业部门、专业匹配度等，但是对学生世界观、思维方式、知识结构、技能基础、个性发展等缺乏相应的评价，这部分的评价往往是校内教育过程中的教育与评价重点。

（三）信息化水平不高

智能时代，信息化水平已经发展到足够用于教学过程的管理。对于学生校内校外的实训教学、校内的课堂教学以及日常行为均可以通过系统的信息化手段进行管理，有利于每一个任课或指导教师全面了解和评估每一个学生的学习基础和特长。但是，目前职业院校在评价过程中的信息化水平不高，现代技术手段应用不足，不能及时收集学生的反馈信息，对学生的技术技能提升缺少应有的监控。

（四）教学服务能力有待进一步提高

目前，学院教师主要承担着学生教育监控的任务。承担教学任务的教师教学能力和承担质量监控的教师服务能力直接影响着教育质量的提高。对教学服务管理人员的服务态度和管理过程还是缺少足够的监控，往往有检查无落实，有号召无行动，不能将校企合作的有效制度执行到位，很多学生和企业反映的问题都不能及时向有关部门、考核小组或上级领导进行反馈。所有这些现象都表明了对教学服务管理人员的监控不到位。学院应加快专业带头人和双师型教师队伍建设，建立稳定的专兼职教师队伍，满足学生的学习要求。

（五）校企合作中企业激励不足

由于企业对接收地方院校学生顶岗实习的积极性还不是很高，从而导致校外顶岗实习基地相对不足，有时只能满足教学的基本条件，对校内外实习实训基地、课程建设、教材建设等教学建设是否与人才培养需要相匹配却很少有人关注。课程学习结束后，企业在参与学生评价过程中由于缺乏必要的监管和考核，往往会放松对学生的考核要求，最后学生到底学到了什么、有什么收获、受到什么样的启迪，是否真正实现了课程教学目标，在学校层面最后还是很少得到反馈。要注重建立有效的激励机制，增强学校参与校企合作的主动性，调动企业参与校企合作的积极性。

二、构建评价体系的基本原则

（一）导向性原则

产教融合评价体系的构建是推动专业（群）人才培养质量不断提高的重要保障。评价体系的构建要体现引导和鼓励被评价对象、参与评价的人员和机构向正确的方向和目标发展，承担各自负有的责任和有效行使教育和被教育的权利。

（二）科学性原则

科学性原则主要体现在理论与实践相结合，以及所采用的科学方法等方面。评价体系要在理论上站得住脚，能够反映被评价对象的客观实际情况；评价指标体系要能够在基本概念和逻辑结构上严谨、合理，抓住评价对象的实质，并具有针对性；评价体系还要具有很好的实践操作性，能够体现考核准确、全面、规范和方便等特点。因此在对地方院校产教融合评价体系制定的过程中，应当从高等职业教育的发展现状和特点出发，综合考虑各方面的影响因素，才能够使构建的指标科学合理，评价的结果客观公正。

（三）多元性原则

评价指标体系构建是一个较为复杂且涉及面较广的工作。鉴于考核对象和培养过程的不同，产教融合的评价可以使用校内和校外两个考核体系，校内主要是教师评价、教学管理和学生学习评价、学生评教、专家评教等，校外主要是企业对实习实训和毕业生质量进行评价、社会中介组织对学校人才培养效果进行评估、毕业生对学校培养效果进行评价、政府组织对学校教学水平进行评价。也可以采用理论和实践教学的考核体系，或者是理论教师、实践教师、学生、教育管理者等多方多元的评价内容，从而形成一个系统的评价体系。

（四）实用性原则

选取指标应该是具体的、可衡量的、能够用科学方法进行量化的。指标的相关信息应该能够比较容易通过调查和访问获取并对比的。一方面，在尽量满足总体要求的前提下，做到通俗易懂，使被调查者能够较为容易地理解调查者的意图和想法。评价指标的确定，首先要经得起理论的推敲，从而保证评价结果符合已有的研究，并能真实地反映研究者的研究目标。另一方面评价指标需要具备实际操作的可行性，既能满足理论上的合理性要求之外，还要具有实用性，应做到符合实际的教学生产过程。评价的过程要能够得到专家学者的认可，并愿意积极地参与到评价中。

（五）效益性原则

立足市场的高职教育办学，其产教融合的校企合作仍然是一种关系的、利益的合作，需要认真处理好公益性与市场性、服务性与效益性、合作性与竞争性的关系。效益性是要争取立足公益办学基础上的最佳经济效益，通过专业（群）人才培养的课程链与企业生产链之间的评估，促进产教融合效益提升。

第三节　新型地方院校产教融合质量评价机制的构建

一、组织保障

（一）校内评价监控组织

校内评价监控组织要以校内第三方的角色进行定位，主要承担撰写学院年度教学质量报告、全校专业评估、学校教学质量保障，以及学校教学基本数据采集等职责。该组织要相对独立于各分院（部），组织成员要能够脱离于具体的专业教学外。

（二）教学指导委员会

各专业或专业群均设有专业教学指导委员会，该委员会的机构要充分考虑到专业带头一类的专家、产教深度融合的行业企业以及在读或毕业学生、家长的代表，从不同角度丰富和完善产教融合与校企一体化的专业人才培养质量评估体系。

（三）产教融合委员会（校企合作委员会）

该机构主要承担学生实习实训教学质量评估。要充分调动学院与行业企业的积极性和责任心，行业企业是产教融合的重要推动力量。行业要加强人才需求预测，制定人才标准，参与课程改革，开展质量评价等；企业要全面参与到学校管理运行全过程中，积极参与办学、定制专业、探索双元制培养、共同开发课程教材、交换专业技术人员、开展联合科研以及共建技术中心、提供培训基地和实习实训基地。主要职责是实训实习的质量监控，共建校内外实训基地，完善行业企业专家数据库，搭建产教融合的沟通交流平台等。

二、评价内容

（一）教学质量的常态化监控

新型地方院校产教深度融合质量内部评价可以分为学校评价、院部评价和教师评价，重点考查产教深度融合的组织与领导、职责履行、合作成果、人才培养方案、人员交流、项目建设、基地建设、毕业生社会声誉、教师成果转化等方面。校内评价以教学督导、专业评估为抓手，组织教育专家、专业领域专家和教育管理等部门进行全面、定期的监控与评价，理论学习以“够用”为度。

校内外实训教学和实训课堂主要是对校内实训条件、教学内容及岗位适应度、企业人力资源、工作团队、技术培训、订单完成、文化提升、流程再造、新产品开发、新技术引进、企业品牌升值等方面进行评估。学生岗位能力形成以实践为主，不定期邀请行业企业专家进校园课堂、实训车间对教学内容、方法进行诊断，有助于提高课堂教学与就业岗位的匹配度，提升专业人才培养总体水平。

（二）开展实训实习场地评估与调研

实践教学是学生岗位能力培养的重要环节，实践教学的实施对教学时间的安排、实训场地的条件、实训设备的配备等物质保障有较高的要求。校内外实训教学评估，应注重对教学时间、实训场所、设备设施等保障条件进行评估，尤其是对实训实习场所建设、运行、管理以及实际绩效等方面进行评估，对发现的问题要及时提出整改意见，并加以落实。评估实施小组要形成定期进实验实训场所调研的制度，并在一定范围内进行通报。

（三）重视对学生学习过程和学习效果的监控

通过产教融合，校企双方都会在人才培养标准、课程设置内容以及对岗位的基本技能方面进行全面的研讨，并形成一系列理论教学模块、技能教学模块、素质教育模块等教学体系，对这些教学内容的实施和监控已成为重点。但是对学生学习过程的监控以及学生学习效果的评价往往会过于宽松，尤其是在素质和素养方面的评价难以量化，这恰恰成为企业对学生选拔的重要条件之一，实践过程的技术指导与技能评价，以及毕业设计所体现的技术创新能力和学术素养的评价是最能充分反映学生学习过程和学习效果的，加强这两个方面的评估有利于人才培养质量的提高。

三、评价方式

（一）量化考核

现行的新型地方院校均建有一系列的考核指标，如学生评教、督导教学评价、专业评估、课程考核、职业资格考核等。目前还存在一些无法准确量化的产教融合人才培养评估内容，如校外实训指导教师的评估、工学结合定岗实训过程的评估、校内外实训场地设备条件的评估，以及行业企业参与度评估等。在产教融合的人才培养质量评估体系中应逐步完善可以量化的评估指标，将无法准确量化的评估指标逐步进行量化，最终形成一个较为系统和完善的量化考核体系。该体系能体现理论教学和实践教学的过程、质量，对学生的技能、学识、素养以及未来发展的潜力进行较为准确的评估。

（二）信息化监控

由于评估过程涉及的空间场地范围正在逐步扩大，教学按照模块化、岗位化方向建设正在细化，教学过程涉及的管理、服务、教学与学生等角色众多，形成的考核信息也十分丰富。要快速分析和处理这些数据，仅仅依靠传统的人工方法进行分析统计，所需要的人力、物力和时间投入将是巨大的，甚至有可能导致无法完成本应完成的教学质量评估工作。利用智能终端和发达的现代信息技术，可以方便教学质量评估、原始信息的采集、大量数据的统计分析，以及最终分析报告的传阅与公开。

（三）自我评估与第三方评估结合

传统的教学都很重视学校自己内部的质量监控和评估工作，随着上级教育主管部门将教育质量评估逐步放开，第三方评估机构的市场正在形成。第三方评估机构的产品有麦克思数据有限公司的《中国高等职业教育人才培养质量年度报告》《就业蓝皮书》等、深圳艾瑞深信息咨询有限公司的《中国大学评价研究报告》、上海市教育评价协会的《2015—2017 民办职业上海市民办职业培训机构办学质量和诚信等级评定资料》、深圳市网大教育服务有限公司的《中国大学评价研究报告》、中国管理科学研究院科学研究所的《中国高等教育评价》、21 世纪教育研究院的《中国教育蓝皮书》等。

充分利用第三方评估机构的评估力量和相对独立性，可以更为全面和客观地反映教学质量的真实情况。具有官方背景的教育评估研究院，具有专业人才的专业评估机构，或者是行业组织等都可以成为具有说服力的第三方评估机构。如行业协会作为校企合作的第三方承担产教深度融合的质量评估，可以按照行业企业标准，从产品、工艺创新、组织创新等维度进行权威的评估；对产品生产过程、技术研发过程、实习见习实践课程教学、教师下厂锻炼、员工在岗培训、人才培养方案是否符合行业产业发展等进行检查和评价，按照企业具体评判标准评价学生的考核成绩，反馈生产企业对新型地方院校人才培养的意见，以及新型地方院校对搞好企业生产的建议，不断引导和规范产教深度融合。

（四）建立激励制度

产教融合的教育评估主要目的是不断引导和激励校企积极承担人才培养的责任，为地方经济产业转型提供人才支持。政府相关部门应定期开展产教深度融合督导检查，在此基础上合理设计各种奖惩措施，表彰和奖励那些产教深度融合效果好的生产企业、新型地方院校、当地社区和行业组织，同时对违反产教深度融合相关法律、规定、政策的生产企业、新型地方院校、当地社区和行业组织进行不良信息通报等处罚。

四、评价指标

新型地方院校产教融合的评价指标是一个非常宽泛的概念，如果要全面考查其绩效，应包括教育、产业、经济、社会等方方面面的内容。但从本质上看，新型地方院校产教融合更多是从教育的角度来考查其绩效的，在促进高职教育发展的基础上进而推进教育与产业的协同发展，从这个意义上来说，教育绩效是产教融合绩效最重要的方面，产教融合最重要的效果是促进了职业教育的发展。在考查新型地方院校产教融合的教育绩效时，应认识到产教融合需新型地方院校、企业、行业等组成的利益联合体共同推进，各利益相关者之间的协同和资源共享是最重要的考查指标，下面笔者主要选取利益相关者之间的资源共享度作为评价对象，来考查新型地方院校产教融合的综合评价指标。

（一）构建基本框架

新型地方院校产教融合不以营利为目标，因而在设计评价指标时，不能像企业等营利组织直接以利润指标来衡量绩效，需要全面考虑。同时，高职院校产教融合的初衷是培养合格的高素质技术技能人才，因而指标设计的重点应在新型地方院校人才培养上，以新型地方院校的发展为核心，同时兼顾企业、行业等利益相关者的共赢。在设计评价指标时，既要科学合理又要结合实情，过程考核与绩效考核相融合，定性分析和定量分析相结合，更多以量化的指标来增强其可操作性。

（二）综合评价指标内容

1. 人力资源

人力资源共享是新型地方院校产教融合资源共享的重要指标，主要有数量和质量两个维度，同时还包括三个方面的内容。

一是管理者。这包括新型地方院校、企业、行业等利益相关者单位的管理者，管理者的评价主要侧重于其对新型地方院校产教融合的战略支持度以及顶层设计对新型地方院校产教融合的有效度。

二是员工。这包括新型地方院校教师及企业等单位的员工，因对其评价主要侧重于相互交流沟通以及专业水平，所以设计了师资实践率（专业教师去企业等成员单位实践的人数与员工总人数的比例以及实践天数与工作总天数的比例）、员工培训率、行业企业专家在校兼职教师生均数、跨校教师互聘联聘率四个反映互动交流情况的指标以及双师型教师比例、教学名师和优秀行业企业专家数三个反映专业水平的指标。

三是学生。学生是新型地方院校产教融合的主要服务对象，是新型地方院校产教融合资源共享的最终受益者，因而权重较大，主要从学生的受益度方面来设计评价指标，包括学生在企业等成员单位顶岗实习及实训率、区域内不同学校学生交流互动情况（同级学生学分互认及交流情况以及中高职学生对口单招率）、毕业生对口就业率及满意率等指标。

2. 物力资源

物力资源共享是新型地方院校产教融合资源共享的又一个重要指标，利益相关者是以新型地方院校为核心，因而在选取指标时，为了突出重点，在专家咨询环节，已将未存在于学校的物力资源评价指标删除，以突出新型地方院校人才培养的核心地位，重点考查成员单位在人才培养方面的共建共享能力。评价指标以实习实训场所、图书资料和教学仪器设备三个指标为主，主要从物力资源共建共享的数量、质量和使用率三个维度展开。

3. 财力资源

财力资源是利益相关者各项资源货币化的集中体现，从利益相关者的性质和功能出发，主要用资金来源及资金利用这两个二级指标来考查。

一是资金来源，主要包括政府拨款、利益相关者单位（主要是企业、科研院所等）对新型地方院校的赞助拨款以及成员单位共同承担的科研项目和技术服务项目的创收资金等。从利益相关者的功能出发，“共同创收”指标更能体现利益相关者“1+1>2”的效果，因而权重最大。

二是资金利用，主要从人才均培养费用、资金使用结构以及成本节约率等三方面进行。新型地方院校的资金使用结构，即新型地方院校的教育成本结构，主要由公用经费开支和专业教育经费开支构成。公用经费开支包括公共人员费用、公共教学设备费用、公务费、业务费用等。专业教育经费开支包括专业教师工资及福利、专业教学设施设备及实习实训等费用开支。资金使用结构主要从与人才培养紧密联系的专业教育经费在共享资金中的比重来考查。

4. 信息资源

信息资源是利益相关者资源共享的又一个重要衡量指标。信息一般有四种形态：数据、文本、声音、图像。教育信息资源可分为教育信息硬件、软件和潜件资源三类。信息资源硬件包括有无建立共享网站，以及共享网站的建设、更新及维护情况。信息资源软件主要包括网络教学资源、科研信息资源、管理信息资源以及人才需求信息资源等。网络教学资源共建共享主要包括利益相关者共建共享的专业、课程、实习实训等网络教学资源库的数量、水平及使用率；科研信息资源共享主要包括利益相关者之间及时共享科研动态、科研成果信息等；人才需求信息资源共享主要是指行业企业及时更新人才需求信息，学校根据信息及时调整人才培养方向，双方共同确定人才培养方案等；管理信息资源共享主要包括人力资源管理、教学管理等网络信息系统的共同开发及维护。教育信息资源的潜件是指师生运用教育信息进行资源共享的积极度和能力。

5. 文化资源

按结构要素划分，文化资源包括以下三个方面的内容：制度文化、物质文化及精神文化。制度文化属于管理文化，是规章制度及组织形式、行为准则所反映出来的文化，是利益相关者之间相互约定须遵守的行为规范，这主要体现在管理机制方面。物质文化属于显性文化，反映在建筑风格、实习实训场所、花草树木等物质建设上，具有直观形象的特点。其核心指标有两个：文化共享在校园建筑方面的彰显度，文化特色在实习实训场所方面的体现度。精神文化属于隐性文化，是观念层面的文化，集中表现在学校的办学理念与行业企业、科研院所等成员单位的经营理念相互借鉴、凝聚力大小以及品牌文化（精品专业、精品课程等重点项目共享）三个方面。

五、第三方评估机制的构建

从第三方评估的现状看，不仅新型地方院校产教融合没有构建第三方评估机制，实质上整个职业教育第三方评估机制还没有建立。因而，从这个意义上讲，构建职业教育第三方评估机制，其实包含了新型地方院校产教融合第三方评估机制。相应地，新型地方院校产教融合第三方评估机制的建立也从另一个层面反映了职业教育第三方评估机制的建立。

现实中与新型地方院校产教融合完全没有联系的第三方是不存在的。第三方特指独立于新型地方院校和政府的社会评价机构。同时，新型地方院校产教融合的主要功能是其教育功能，其产业功能也是通过教育功能来实现的，产教融合的主要功能是解决技术技能人才培养供给侧问题，进而使产业需求侧得以满足。从这个意义上说，新型地方院校产教融合评价的第三方是指除新型地方院校和政府以外的其他利益相关者。在构建新型地方院校产教融合的第三方评估运行模式时，首先需要正确理解第三方评估机构与政府的关系。第三方评估实质上是一种市场行为，不同于强制性的行政权力，市场行为除了具有自我调节、自我发展的优势，还存在市场风险和市场失灵的劣势，因而需要来自政府和社会各界利益相关者的引导和规范。从理论上说，任何独立性都不是绝对的、只是相对的，第三方机构的独立性也是一种相对独立性。政府的引导规范与第三方评估机构的相对独立性是一种对立统一的关系，其中对立性体现在政府的引导规范应以不损害第三方评估机构的独立性为前提，而统一性指的是政府的引导规范能有效净化第三方评估的市场环境，有利于第三方机构的良性和可持续发展。

（一）加强第三方评估的顶层设计

借鉴国际先进经验，推动第三方评估体系良好运行的关键在于完善法治建设，只有在有法可依、有章可循的制度保障下，才能确保新型地方院校产教融合第三方评估体系的顺利运行。应出台新型地方院校产教融合第三方评估的相关法律、政策制度及其实施细则，明晰政府、新型地方院校、第三方评估机构的责任和权利，这是新型地方院校产教融合第三方评估体系顺利运行的关键，也是解决当前第三方评估面临的专业性、独立性、科学性、公正性和权威性等不足的根本所在。

国家应出台新型地方院校产教融合第三方评估的专门性法律制度，确保第三方评估机构的合法地位，维护第三方评估机构的合法权利，研究制定社会力量参与第三方评估的鼓励性政策。同时，应从第三方评估的业务范围、运行模式等方面完善政策制度设计，从而对其市场规模、准入条件、运行管理等有比较明确的边界和透明度，促使新型地方院校产教融合第三方评估真正进入市场化阶段，加强评价的标准化和透明度，公示评价项目和程序，明确评价市场规模，为加快新型地方院校产教融合第三方评估的市场化进程奠定法制基础。

（二）构建第三方评估的认证机制

从第三方评估的现状看，不仅是新型地方院校产教融合没有构建第三方评估机制，实质上整个职业教育第三方评估机制还没有建立，特别是第三方评估的认证机制缺乏。为增强第三方评估的专业性和权威性，应成立国家职业教育第三方评估认证中心，对职业教育（包括产教融合情况）进行第三方评估。国家职业教育第三方评估认证中心负责对第三方评估机构进行认证、培训及评估等。同时，可结合不同区域职业教育的发展特色，构建一系列国家认证分中心，即区域职业教育第三方评估认证中心。国家职业教育第三方评估认证中心和区域职业教育第三方评估认证中心相辅相成，共同认证第三方评估机构的科学性、专业性和规范性，定期对高职教育（包括产教融合情况）进行第三方评估。

1. 组建职业教育第三方评估认证中心

国家职业教育第三方评估认证中心可由中央政府委托教育部组建，区域职业教育第三方评估认证中心可由地方政府委托地方教育行政部门组建。职业教育评价认证中心的研究及工作经费由政府资助，属于半官方组织。

政府出资招聘有丰富工作经验和职教评价经历的职业教育管理专家、职业教育研究专家、职业院校一线教学人员、行业企业管理专家、行业企业一线能工巧匠等人员，构建一支高素质、高水平的认证团队，同时还可引进热心职业教育工作的社会公众作为兼职人员。第三方评估认证中心成员不仅要有丰富的前期工作经验和职教评价经历，同时应加强培训学习，应学习职业教育发达国家的先进评价理念、标准和方法，把握职业教育的国际发展趋势和方向；同时应能深入了解我国职业教育的发展历程和现状，熟悉我国职业教育的改革动态和方向。

2. 规范职业教育第三方评估认证中心的认证内容

（1）资质认证。职业教育第三方评估认证中心对第三方评估机构的人员构成、业务素质、职业道德、任期年限、评价技术以及评价程序、评价周期等进行认证和规范。第三方评估机构在成立之初，应主动申请认证，待获得相关资质，才能从事评价工作。

（2）质量评估。这是指对第三方评估机构的科学性、专业性、规范性、权威性、导向性等进行质量评估。第三方评估机构成立之后应每隔五年接受国家职业教育评价认证中心的质量评估。根据评估的结果，建立第三方评估机构等级认证机制，引入“奖惩”及“退出”机制，对专业性、科学性、规范性、公平性较强的第三方评估机构应给予奖励，对不合格的第三方评估机构应采取限期整改、给予警告或吊销执照的惩罚。

（3）人员培训。跟进社会发展需求，对第三方评估机构人员进行业务培训。国家职业教育第三方评估认证中心在各省份设立区域分中心，并加强对区域分中心的指导，区域分中心负责本地第三方评估机构的人员培训，应在职业教育发展趋势、先进评价技术和方法等方面对第三方评估人员进行培训。

（三）培育第三方评估主体，明确第三方评估客体

1. 培育第三方评估主体

为保证新型地方院校产教融合第三方评估的独立性，第三方评估机构应完全由与政府没有人事、资助关系的社会中介组织来承担。但在实践中，教育管办评分离的现实状况与理想状态还有很大的差距。虽然国家提出要构建现代治理体系，转变政府管理方式，构建政企分开、政事分开的法治型政府，深入推进管办评分离，但任何事情都需要一个渐进的过程。结合我国国情，现阶段在保留政府下属的行业协会、教育评估中心（院）等“半官方”评价机构的同时应大力培育“非官方”第三方评估机构，形成多元并存、相互补充的第三方评估机构群体。通过逐步培育具有完全独立性的第三方评估机构，逐渐实现真正意义上的管办评分离。

从职业教育的产教属性出发，第三方评估机构人员应至少引进有丰富工作经验的职业院校一线教师以及行业企业一线专家，同时还可包括教育管理者、研究者等，评价人员不仅要具备丰富的专业知识、高超的评价能力，同时还应具有较强的责任意识，应重视评价团队的素质、素养、能力建设，制定科学规范的评价标准、评价程序等。第三方评估机构的工作经费来源于政府、职业院校等利益相关者的购买服务，以保证其独立性。

2. 明确第三方评估客体

从全面性来讲，新型地方院校产教融合第三方评估客体有宏观、中观、微观三个层面，即国家、区域、院校三个层面。

（1）宏观层面。宏观层面主要是评价国家职业教育与经济社会总体发展的适应性。这是对我国新型地方院校产教融合的整体评价，应每十年评价一次，考查全国技术技能人才培养的总体水平，与经济社会发展的适应性以及与前续教育、后续教育的衔接性等。在宏

观层面对高职教育进行第三方评估，应由认证优秀、口碑良好、能力全面、视野前瞻的第三方评估机构开展评价工作，评价人员应对宏观层面的国家经济、产业、社会发展以及职业教育的整体水平等方面有深刻的综合认识以及科学的评价方法，有针对性地分析存在的问题，提出国家层面的职业教育宏观调整对策和发展方向，为国家进行中长期教育战略规划提供重要支撑。

(2) 中观层面。中观层面主要是评价区域新型地方院校产教融合情况，即高职教育与区域发展的适应性，评价区域高职教育总体发展水平以及对区域经济社会发展的贡献度等。重点分析区域高职教育与区域产业在结构、规模、内容、质量等方面的协同度。区域政府部门应通过购买服务的方式，每五年对区域高职教育产教融合情况进行第三方评估，为区域进行产教战略规划提供重要支撑。

(3) 微观层面。微观层面主要是评价单一新型地方院校产教融合的发展情况（简称院校评价）。院校评价又可以分成两个层面：一是新型地方院校产教融合的整体情况评价（简称院校整体评价），主要对新型地方院校的发展背景、资源禀赋、办学定位、办学效益、学校治理等进行全过程动态评价；二是专业评价，即对新型地方院校各专业（群）与相关产业（群）的适应性、专业标准、课程体系、课程教学标准、教学方式与手段、教学资源、专业人才培养质量等进行专业动态发展评价。根据新型地方院校技术技能人才培养的周期，新型地方院校可通过购买第三方评估服务，每三年进行一次院校整体评价和专业评价，同时还可跟第三方评估机构签订长期性的动态诊断合同，建立动态沟通模式，随时诊断问题，协商解决方案，共促人才培养。

从评价市场需求来看，微观层面的院校评价是需求最多、规模最大的地方评价客体。只有微观层面的新型地方院校产教融合健康运行发展，才能影响和实现区域和国家层面产教融合的可持续发展，因而院校评价是新型地方院校产教融合第三方评估的主要内容。

（四）构建新型地方院校产教融合第三方评估过程监管机制，规范第三方评估

为规范新型地方院校产教融合第三方评估的市场环境，需对第三方评估过程进行监管。新型地方院校产教融合的利益相关者可以分为权威利益相关者、核心利益相关者、紧密利益相关者、边缘利益相关者。如前文所述，其权威利益相关者是政府，核心利益相关者是新型地方院校和企业，紧密利益相关者是行业组织，边缘利益相关者为学生家长、校友及捐赠者、社会组织、社会公众、新闻媒体、银行等。政府在新型地方院校产教融合第三方评估中的监管作用主要是通过其资助的半官方组织——职业教育第三方评估认证中心来实施的。其他利益相关者组成利益相关者联盟对第三方评估进行过程监管。从类型上说，新型地方院校产教融合第三方评估的过程监管分为专业性监管和公平性监管。

1. 专业性监管

专业性监管主要是对评价标准的科学性、评价程序的规范性等进行监管，这要体现监

管者的专业水平和能力，可由国家和区域职业教育第三方评估认证中心进行监管。评价标准是关键要素，应包括稳定性指标和动态性指标。稳定性指标是考查评价对象一般性特征的共性指标，动态性指标是考查评价对象特色和优势的个性指标。评价标准可由第三方评估机构草拟，同时要广泛征求新型地方院校教师和学生、行业、企业等利益相关者的意见和建议，并让职业教育第三方评估认证中心监管其科学性和动态性。第三方评估过程主要由确立目标、收集信息、分析整理信息、综合判断和作出决策五个环节组成，认证中心可监管第三方评估流程是否科学合理。

2. 公平性监管

公平性监管主要监管评价过程的公平性和公开性，包括监管评价标准是否公开、评价过程是否透明、评价结果是否公正等。为压缩权力“寻租”和腐败空间，公平性监管应调动广大民众的积极性，应组建职业教育利益相关者联盟对第三方评估机构进行公平性监管，利益相关者联盟包括教师、学生、行业、企业、家长、市民等，属于第三方监管机构，政府通过购买服务的方式为其提供工作经费。利益相关者联盟通过现场考察、问卷调查、接受投诉等方式对第三方评估的公平性和公开性进行监督，并向社会公布监管结果。

同时，被评价对象可在评价过程中随时向职业教育第三方评估认证中心以及利益相关者联盟反馈问题，对第三方评估机构不专业、不公平之处进行申诉，认证中心以及利益相关者联盟出面进行协调，及时制止不规范的行为，并将情节严重的情况上报至国家职业教育第三方评估认证中心，记入第三方评估机构的信誉档案，直接影响其资质水平。

第四章　地方院校产教融合与乡村振兴关系研究

地方院校在助力乡村振兴的过程中，存在学校产教融合水平低，培养人才与乡村振兴需求匹配度低，专业设置产教脱轨等问题。基于产教融合的视角，本章对地方院校产教融合与乡村振兴关系进行研究，以实现地方院校产教融合推进乡村产业升级的进一步发展。

第一节　乡村振兴的内涵和时代背景

乡村兴则国家兴，乡村衰则国家衰，乡村振兴是建设现代化强国的根本保障。

一、乡村振兴战略的内涵

乡村振兴，从字面意思理解为通过大力发展乡村的经济文化，使乡村兴盛与繁荣。乡村振兴的内涵包括乡村经济、社会、文化和生态文明在内的全面振兴，既有乡村经济的发展、社会的进步、文化的提升，又有乡村治理体系的创新、乡村生态文明的建设。因此，乡村振兴战略是一个内容十分丰富、涉及领域广泛、目标非常明确的综合性国家级大战略。

乡村振兴战略的二十字方针“产业兴旺、生态宜居、乡风文明、治理有效、生活富裕”，反映出乡村振兴战略的丰富内涵。

（一）产业兴旺是乡村振兴的经济基础

乡村的经济基础和生产力水平是决定乡村振兴的重要因素，乡村第一、第二、第三产业是否兴旺发达，“新六产”是否融合发展是衡量乡村振兴的重要指标。在党的十九大报告中，“产业兴旺”站在实施乡村振兴战略的首位，是发展农村生产力的第一要务，不可动摇。在保证国家粮食安全的前提下，加快农业供给侧结构性改革，构建现代化农业产业体系、生产体系和经营体系，培育新型农业主体，坚持质量兴农、绿色兴农。产业兴旺可以有力地推进农业农村发展，为乡村振兴提供物质基础与技术支持。实施乡村振兴战略，就是要紧紧围绕产业兴旺这一主题，加快农村产业发展，培育农业农村发展新动能，以解决工业化、城镇化过程中出现的农业结构单一、农村经济萧条、农民收入低下等问题。

（二）生态宜居是乡村振兴的关键环节

美丽乡村的外在表现就是良好的生态环境和整洁的村容村貌。生态宜居就是要保存乡土气息、乡村相貌，保护乡村生态环境，实现人与自然的和谐统一。生态宜居就是要重建“望得见山、看得见水、记得住乡愁”，这既是习近平总书记的生态文明思想的建设内容，也是人民群众对美好生活向往的具体体现。生态宜居就是要加大对农村基础设施建设，加大对农村生态保护力度，改善农村水、电、路、气、房、讯等设施建设，统筹山、水、林、田、湖、草保护建设，极大地改善了农村的生产生活环境，建立节约资源与环境保护、产业结构与生产生活方式相适应的城镇化格局，保护好农村的青山绿水，让人民群众共享良好的生态环境，拥有健康、舒适的生活。

（三）乡风文明是乡村振兴的文化基础

在乡村的发展过程中，民俗民风、乡规民约、道德规范等乡村文化逐步形成，同时这些也是中华民族优秀传统文化和农耕文化的重要载体，是乡风文明的重要内容。乡风文明是在挖掘传统优秀文化的基础上，强调创新与发展，注重农民的思想观念、人文精神和道德规范在乡村文明建设中的融合，强调人的全面发展与农村社会的全面进步相适应。乡风文明将农民的思想觉悟、道德水准、文明素养提高到一个新的高度和水平。

（四）治理有效是乡村振兴的基本保证

有效治理就是要建立健全党组织领导、政府负责、公众参与、法治保障的现代乡村治理体制，逐渐建成“自治、法治、德治”相结合的乡村治理体系。加强基层党组织建设，强化基层工作，密切干群关系，协调农户利益与集体利益，社会治理重心向基层倾斜，实现政府治理和社会调节、居民自治的良性互动，违法必惩，弘扬社会正能量，建设平安乡村，形成有效的社会治理体系，确保乡村社会充满活力，农民生活安宁、和谐、有序。

（五）生活富裕是乡村振兴的奋斗目标

生活富裕就是指农民通过努力，有相对稳定的工作收入，达到衣食无忧、经济宽裕、物质文化生活丰富充裕。实现“生活富裕”这一目标，就是要拓宽增收渠道，提高农民的就业质量，增加农民的持续性收入，制定积极的就业政策，加强职业技能培训，多渠道促进农民就业，引导农民创业。推进城乡义务教育一体化发展，让农村孩子享受到平等且高质量的义务教育，提高农村孩子职业教育水平，鼓励其接受高等教育。同时，建立城乡居民基本养老保险制度，完善统一的保险报销制度，确保最低生活保障制度，逐步缩小城乡差距，力争共同富裕。

综上所述，大力实施乡村振兴战略，产业兴旺是根本，生态宜居是基础，乡风文明是关键，治理有效是保障，生活富裕是目标。乡村振兴是以农民对美好生活的向往为导向，以农民的物质文化生活富裕度为根本落脚点，促进人与自然的和谐统一。

二、实施乡村振兴战略的背景

实施乡村振兴战略，最重要的原因在于两方面：一是我国的基本国情；二是我国经济社会发展现阶段的基本特征。

（一）我国的基本国情决定了乡村不能衰败

实践证明，城镇化是一个国家实现现代化的必由之路。从世界范围来看，世界各国的经济发展水平、人口数量、资源状况及社会制度各不相同，在现代化发展的过程中，城乡人口的分布格局和生产力状况也存在着较大的差异，各个国家的国情不同，发展各异。我国提出乡村振兴，就是从实际出发，将城乡发展统一起来，在现代化的进程中推进城乡格局的发展。

在现代化的进程中，随着城镇化的不断推进，农村人口在不断地锐减，甚至有些村出现了“空心村”，更有甚者村庄已经逐步消失。由于城乡之间在经济、社会、文化及生态等方面存在着一定的差异性，只有城乡之间形成功能互补，消减差异，才能推进国家现代化持续健康发展。我国人口基数大，分布广，有其特殊性，即使乡村人口的比重降到30%以下，但其总量仍将有好几亿人，有这么大群体生活的地方需要建好，也应该建好。如果城乡差距太大，就不能建成惠及全体人民的全面小康社会和现代化国家。因此，不管城镇化发展到什么程度，乡村都不可能被消灭。

另外，在对城镇化问题进行国际比较时，至少要注意三方面的问题。第一，世界各国城镇化的形式不同，既有大集中、小分散的形式，如日本和韩国，日本东京地区居住着约占全国1/4的人口，韩国首尔地区居住着约占全国一半的人口；也有大分散、小集中的形式，如德国，有60%的人居住在两万人以下的小镇上。第二，各国城镇化的统计口径有差异。按世界银行的统计，2016年日本人口城镇化率为92%。但是日本认为“市”不能作为人口统计口径，而采用了“人口密度”的指标：每平方千米人口密度达4000人以上、集聚的总人口超过5000人即为“人口集聚区”。目前，日本全国居住在“人口集聚区”范围内的人口，约占70%。第三，在人口城镇化不断提高的过程中，乡村活力不容忽视，如何保持这种活力是各个国家关注的重大问题。如韩国的“新村运动”、日本的“乡村重建”计划等，目前仍在实行。

（二）我国发展的阶段性特征要求乡村必须振兴

进入新时代，我国经济经过改革开放的快速发展，经济增长进入了“新常态”，这意味着经济的增速适当放缓，但对发展质量要求更高。那么，我国的城镇化进程也必须适应经济的发展形势，不能依然按照经济高增长的思维惯性开展工作。2017 年我国户籍人口的城镇化率为 42.35％，比常住人口城镇化率低约 16 个百分点，这就意味着有 2.3 亿农业户籍的人口虽已在城镇居住和生活，但尚未落户城镇。解决好这个问题，正如习近平总书记所讲，“要有足够的历史耐心”。

现阶段，我国社会的主要矛盾已经转化为人民日益增长的美好生活需要和不平衡不充分发展之间的矛盾，而这种发展的不平衡不充分，突出表现为农民、农村和农业与乡村发展的滞后不能与现在的经济发展相匹配。因此，党的十九大报告提出，要坚持农业农村优先发展，要加快推进农业农村现代化。

解决我国“三农”问题的主要方法，要靠城镇化，但也不能只靠城镇化。一段时间以来，存在这样一种认识，认为“三农”问题要靠城镇化来解决，只要农民都进了城，“三农”问题就会自然解决。这种认识与我国的实际国情不相符。我国的“三农”问题将会长期存在，农村的发展除了借助外力外，还需要发挥自身内在的活力。由于我国经济的增速放缓，供给侧结构性改革，对劳动力的需求发生了明显的变化，所以农民外出就业的增速也相应减缓。然而，随着现阶段居民的收入增加，对生活质量有了新的需求，这就为农村新的供给提供了机遇。农民工返乡创业，农村通过发展“新六产”，实行第一、第二、第三产业融合等方式，创新发展新产业、新业态。这是农业、农村、农民适应新形势的表现，也是乡村振兴战略的内在要求。改革开放以来，为解决农民就业问题，我国出现过异军突起的乡镇企业、数量庞大的民工潮，而现在需要通过振兴农业产业为农民开辟“第三就业空间”——通过产业融合和发展新产业、新业态为农民在乡村提供主要不依赖于单纯农业的就业岗位。

实施乡村振兴，就必须全面、客观地看待当前农村的发展现状，如农村的“空心化”“老龄化”问题。我国农村各地的情况差别很大，对农村现状的了解必须全面，不能以偏概全、人云亦云。

此外，农业生产有其自身的特殊规律。随着科学技术的不断进步，农业机械化和农业社会化服务体系逐步普及与完善，农民在大宗作物生产上的劳动强度和劳动时间不断减少，老人和妇女比以往任何时候都能胜任农田管理，这使农村青壮年有更加充裕的时间外出就业，是在科学技术进步背景下农业生产出现的新特征，也是农业生产自身规律的反映，对农民增收具有积极意义。若农民能够充分利用剩余劳动时间，在农业农村多功能性的基础上创造新的供给，不断满足城镇居民的新需求，这也正是实施乡村振兴战略的本意所在。

第二节　地方院校与乡村振兴的关系

实施乡村振兴战略，是党的十九大作出的重大决策部署，是决胜全面建成小康社会、全面建设社会主义现代化国家的重大历史任务，是新时代“三农”工作的总抓手。地方院校拥有丰富的教育资源和科技、人才、智力等优势，参与乡村振兴是扎根中国大地办大学的本质要求，也是发挥地方院校社会服务职能的重要途径。地方院校作为区域高质量社会服务资源的重要聚集地，在深入结合当地“三农”问题特质、产业特色等方面，具有得天独厚、难以替代的优势。因此，地方院校要主动服务党和国家重大战略部署，发挥自身优势，为全面推进乡村振兴贡献智慧和力量。

一、助力乡村人才培养策略

首先，发挥智力资源优势，助力乡村人才培养。一是开展技能培训。地方院校是高学历和高层次人才聚集地，要充分依托自身系统、丰富的专业教育资源，通过线上、线下等方式进行种植、养殖、手工业以及农产品深加工、电商运营等技能的培训，提升乡村技术人员和劳动人员素质能力。二是补充师资队伍。通过“三支一扶”、西部计划、研究生支教团等基层就业政策，引导优秀毕业生投身乡村教育事业，选派优秀教师、硕士研究生、博士研究生等组成暑期社会实践团，形成帮扶梯队，缓解乡村学校教师短缺状况。三是提高教育水平。地方院校及其附属中小学与农村基础薄弱学校搭建教学资源共享平台，派遣优秀教师送课、送教到村，通过现代技术手段开展集体备课、示范课程观摩、分享教学经验等，指导乡村学校教师备课、评课、研课，提高教学能力水平。

其次，发挥科技资源优势，助力乡村产业兴旺。一是开展技术输出。院校拥有较高水平的科研队伍和科研平台，尤其是地方院校的大部分学科专业更是与当地产业密切相关，可以直接派遣科研技术人员推广先进的种植、养殖和生产技术，助力乡村产业升级。二是深化产学研合作。结合帮扶地区产业需求和学校技术优势，大力推动产学研一体化示范基地、实体项目等建设，推动科研成果落地转化，提升农产品附加值。三是发挥智库作用。依托丰富的文献馆藏资源、现代化信息收集分析技术，组织多学科背景的专家、教师和学生组建研究团队和人才队伍，在乡村振兴的产业规划、政策分析和决策评估等方面建言献策。

最后，发挥社会资源优势，助力乡村经济发展。一是深化校地共建。地方院校是区域经济社会发展的重要参与者，在争取政府政策、资金等的支持方面有较强影响力，可以通过建立完善校地共建工作机制，与地方形成资源共享、优势互补、协同发力的乡村振兴工作格局。二是强化校企合作。借助产教融合优势，引导合作企业，特别是农业产业化龙头企业、劳动密集型企业等市场主体到乡村布局，推动乡村纳入产业链、创新链“双链”融合战略，解决乡村富余劳动力就业等问题，拓宽农村人口增收渠道。三是推进消费扶贫。挖掘地方院校师生自身消费潜力，通过设置学生餐厅扶贫窗口、校园扶贫专柜，开展优质农产品进校园活动等，精准对接消费需求，建立消费扶贫长效机制，把扶贫产品的销售、贫困群众的增收与师生的“菜篮子”“米袋子”和“果盘子”问题结合起来，让优质安全的农产品摆上师生餐桌，实现优势互补，互利共赢。

二、案例分析

想要实现乡村基础教育事业的振兴，首先需要建立一支现代化的乡村教师团队。南京晓庄学院作为一所以教师教育为特色的地方应用型大学，在乡村基础教育人才的培养过程中，积极响应国家乡村振兴战略，充分发挥学校教师教育特色优势，逐渐探索出了一条较为成熟的发展路径，助力乡村基础教育振兴。

（一）通过供给侧改革，培养出更多服务乡村基础教育的人才

长期以来，就农村基础教育而言，由于供给规模、供给结构和供给质量的原因，乡村基础教育教师队伍始终存在着一些突出的矛盾。从宏观层面上讲，各级政府、相关教育部门以及地方高校共同构成了乡村基础教育的供给要素，各个环节在乡村基础教育人才的供给过程中都占据着不同的角色。单一地从地方高校的人才培养来说，形成农村教师培训共同体，提高培训效率，是未来乡村教师教育供给侧改革的必由之路。南京晓庄学院不断提升优质教育资源的供给能力，通过打破乡村教师人才供给侧改革过程中原有的“封闭培养，脱离基层”基础教育人才培养模式，采用“乡村教师定向师范生培养计划”“顶岗实习，置换研修”等培养模式，更好地适应了当前乡村基础教育的实际需求。

在乡村基础教育人才培养具体层面，学校从人才供给的角度加大了对农村基础教学人才的培养，通过提高教育供给的质量来更好地满足乡村学生的实际学习需求。学校根据乡村基础教学的实际需要，不断整合学校教育要素，深入重构要素，打破学科、专业、课程、教师的自然划分，推进人才培养模式的重构。其中，乡村定向师范生涵盖小学教育、学前教育、音乐、体育四个专业，在具体的教学过程中，充分发挥出地方高校的办学优势，加强了对乡村基础教育人才的培养力度。

同时，南京晓庄学院在教学过程中有针对性地服务和指导乡村基础教育教学，积极探索乡村基础教学供给的新模式，通过以“互联网＋教育”为契机，以“三通两平台”模式来加强乡村基础教学的资源供给，更好地提升乡村基础教学的专业能力建设。

（二）重视乡村文化与乡村基础教育的融合，更好地实现教师的乡村情怀

南京晓庄学院始于1927年由伟大的人民教育家陶行知先生创办的晓庄试验乡村师范，

学校有着优良的教育传统，为社会培养输送了十余万名基础教育师资和各类专业人才，被誉为“培养优秀中小学教师的摇篮”。学校在加强乡村基础教育人才培养的同时，通过倡导乡村文化与乡村基础教育的融合，更好地实现教师扎根乡村的教育情怀。

南京晓庄学院在人才的培养过程中，在充分强调国际视野的同时，更加立足于民族精神和乡村情怀，走具有自身特色的发展道路。首先，在人才培养的过程中充分注意到乡村教育的根本问题是乡村文化的传承，将乡村文化融入高校的日常教学中，激发高校学子的乡村情结，使其毕业后能够走向乡村，从而更好地促进乡村基层教育的发展。其次，乡村基层教育能否得到持续、稳定、高速的发展取决于高校毕业生是否能够扎根基层、服务基层，做到“下得去、留得住、教得好”。这所有的一切都取决于高校毕业生是否有服务于基层的乡村情怀，情怀是内心情感的集中体现，是影响人生观、价值观和就业观的重要因素，可以帮助毕业生突破功利化心态，更好地将自身投入乡村基层教育的建设当中，更好地投入乡村基层教育的振兴当中。最后，坚持乡村精神文明建设是实现乡村基层教育的前提，地方高等院校在人才教育过程中应注重培养高校学生充分接触、认识当代乡村基层精神文明建设，将农村文化教育融入高等教育当中，扭转城市教育价值取向，为毕业生的终身职业发展提供永久动力，推动农村教育振兴。

此外，学校探索当地教师乡村情怀的培养实践，探索促进学生乡村情怀培养的课程教育体系，将乡村情怀的培养融入学生的日常学习中，通过特色课程对学生进行思想引导和情感影响。同时，通过组织学生到农村开展社会实践活动等方式拓展学生学习农村文化的渠道。充分挖掘乡土文化，通过这种潜意识化的教学融入，培养学生的乡村情感，使其更好地感受乡土文化，进而使其建立起乡村教育建设的事业情怀。

（三）探索现代化的乡村教师发展体系，实现乡村基础教育的高质量发展

南京晓庄学院不断探索现代化的乡村教师发展体系，为乡村基础教育人才的发展建立一个系统、科学、有序的发展规划。目前，南京市政府部门和江苏省教育主管部门已经签署共建南京晓庄学院合作协议，全力支持学校建设一流师范院校。通过省市共建，支持并指导南京晓庄学院加快发展，打造具有全国影响的教育项目和教育品牌。学校不断探索基础教育师资培养和培训的新思路、新制度和新方法，不断改革探索教师教育专业建设，多渠道、多路径探索现代化的乡村教育发展体系。学校协调区域合作，实现城乡教学资源共建共享，为乡村基础教师专业发展提供技术和政策支持。学校整合校内外优质资源，推进教育学省级重点学科建设，成立“新时代乡村基础教育发展研究中心”，获批“江苏高校哲学社会科学重点研究基地”，不断聚焦教育发展问题，汇聚研究队伍，凝练研究方向，打造教育学科高峰，打造教师教育特色的重要研究模式。

同时，根据乡村基础教育的实际办学特点，结合学校的实际情况，积极探索政府部门主导下，通过与地方院校的有效联动，实现乡村基础教师的职前、职后的共同建设，从而

使基层乡村教师专业发展支持服务体系能够得到持续有效地发展，进而促进城乡教育资源互动，形成乡村教师的良性精准支持机制，为实现乡村基层教育人才的健康发展提供了坚实的基础。地方院校与政府部门相互合作，形成城乡学校互动发展，共创、共享、共赢的区域教育发展生态系统，促进城乡教育均衡发展，进而实现乡村基层教育的高质量发展。

新时代乡村基础教育大发展的大幕已拉开，经过无数扎根乡村的一线教育工作者的努力，我国农村的基础教育经过多年的发展，已经取得了显著的成效，但基础教育城乡发展不均衡的问题依旧显著。南京晓庄学院经过不断探索，试图培养出适应我国基本国情的乡村基础教育工作者，力求为我国乡村基层教育的振兴做出自己的努力。南京晓庄学院立志“办中国最好的本科教师教育”，全力打造江苏领先、全国一流的教育品牌，全面深化教育综合改革，提升人才培养质量，为“建设教师教育特色鲜明的高水平应用型大学”而努力奋进。

第三节　地方院校产教融合助推乡村振兴的路径选择

产教融合是地方院校转型发展的目标和方法，也是地方院校特色发展的本质要求。针对目前产教融合存在的政府管理缺位、合作沟通机制不畅、企业行业缺乏主体意识、利益平衡机制不完善等方面的问题，地方院校要借鉴已经取得的成功经验，不断深化教育教学改革，加强顶层设计，统筹全局，发挥产教融合的主体作用。

一、构建多元化办学格局，创新多主体合作模式和育人机制

在主体结构调整中，主体合作的形成需要进一步扩大，形成多方共赢的运行模式。一是要探索产教联盟模式，将政府、企业、行业、学校、社会融为一体，推动多方主体的深度合作，立足主体共同利益，以培养专业技能和高素质技术技能人才为目标，提高履约能力，构建优势互补、利益共享、风险共担的产教融合联盟。二是要以产教联盟为载体，推进与企业的课程建设和实训基地建设，共享共融资源和师资队伍，合作培养高素质的技术人才，真正形成以产业转型升级为核心的政校企共享共赢的融合结构，并在此基础上打造汇合所有制产业教育集团。以地方院校专业群体为纽带，依托地方政府，引领行业合作，与行业龙头企业合作牵头，与行业协会、企业科研院所、院校等建立长期战略合作伙伴关系，开展多元主体共建，覆盖全产业链、辐射区域产业发展的产业教育集团，并充分调动产业教育集团内各研究院、高新企业等资源，形成校企师资互通并满足经济结构调整和产业转型升级的产学研创合作平台。三是要拓展产教供需对接渠道，应用大数据分析，与行业组织共同制定深化产教融合工作计划，打造市场运作、水平专业、共享共赢、开放发展

的产教融合服务平台。通过平台汇聚区域行业人才供需、校企合作等供求信息，注重发挥行业组织人才需求预测、用人单位职业能力评价作用，健全毕业生就业质量年度报告发布制度，定期向各类主体提供精准化信息发布、检索等服务，并形成专业的服务报告。

在育人层面上，需要加大对原有师资的改革力度，合理调整师资结构，创建多元育人的主体。首先，需要构建师资内部培养工程，注重对青年教师的培养，例如，采用以“企业人”标准锻炼新教师的先实践后上岗制度，实行“一对一”帮带培养办法，实施“双师双能型”相关教师认定标准和办法，打造双师型教师。其次，启用师资外部聘用工程，可聘请社会学者、科研人员以及行业企业专家和能工巧匠担任学校兼职教师队伍，建设兼职教师资源库，实行专兼教师结对互补，深化产教全方位融合的同时，助推地方院校培养技术技能型人才和多元化办学格局的形成。在此基础上，引入教师行业融入度激励机制，建立教师外出实践制度，不仅鼓励专业教师担任社会兼职，参加与专业相关的团体组织、行业协会，通过政策支持担任国家行指委、专指委、教指委职务以及入选专家库的教师，提升教师积极参与融入行业的积极性，同时支持在职教师定期到企业进行锻炼，将教师的实践经历作为认定教师资格的必要条件，实现教师科研与企业项目合作互通的认定。

二、全链式人才培养体系

一是以新技术应用为契合，推进人才培养模式与产业相结合。建立产教融合、协同育人的新技术应用人才培养模式，实现专业链与产业链、课程内容与职业标准、教学过程与生产过程对接。探索“企业出题、学校接题、教师解题、学生答题”的实践育人模式，以新技术为导向，以企业真实需求为基点，以智能化、时尚化、数字化项目为载体，促进企业需求融入人才培养全环节，实现产学研创相结合。探索跨专业产教融合订单班人才培养模式，以创新订单班管理模式为推手，以学校资源与企业资源相融合为载体，以职业资格为认定、培训服务企业为目标，以校内培养与企业培养相结合的教学模式为平台，实现校企合作互利共赢，按照企业人才需要，共同制订人才培养协议与人才培养方案，共同参与人才培养过程。

二是以产业先进技术为元素，推进专业建设与产业相对接。主动应对以新技术、新产业、新业态和新模式为特征的新经济发展需求，将产业发展需求融入专业建设，根据社会需求、学校能力和行业指导，形成科学设置新专业的机制，打造地方（行业）急需、优势突出、特色鲜明的新技术应用型专业，对接经济社会发展和区域产业布局。融入区域产业转型升级下的先进技术元素，健全专业设置“正负面清单”制度，建立学校统筹和社会评价相结合的专业动态调整机制，严格实行专业预警和退出机制，综合运用招生计划安排、绩效奖励等手段，集聚服务区域经济社会发展和产业转型升级的能力，调整区域产业转型升级急需的专业方向，深化专业群建设，形成专业、专业群、专业集群并存的新形态，打造“对接产业、相对集中、错位发展、优势互补”的高水平专业发展新格局。

三是以人才培养方案为载体，推进课程体系改革与产业相适应。在现有专业基础课、主干课、专业技能应用和实践课的基础上，将产业科学管理元素引入教学管理和评价，将产业优秀文化元素融入教育教学过程，深化新技术应用课程体系改革，注重培养学生的技术技能和创新创业能力，有机融合专业教育、创业教育和产业发展，促进产教融合背景下新技术应用人才培养与企业发展的合作共赢，把企业的真实需求作为人才培养的重要参考，全面推行案例教学、项目教学，在学生毕业设计选题中引入行业企业的一线需要，营造良好的产教融合协同育人环境。使用现代信息技术推动信息化教学、虚拟现实技术、数字仿真实验、在线知识支持、在线教学监测等应用，通过校校合作、校企合作联合开发在线开放课程。坚持以专业培养目标与产业需求一致，通过分层次、分阶段、分方向的课程设置，构建课程体系与岗位能力对应、课程内容与职业标准对接、教学组织形式与企业生产同步的课程框架，实现课程与岗位无缝对接，“毕业即就业”。

四是以产学研创一体化机制为支撑，推进实训基地建设与产业相匹配。采取政府财政拨款、企业投资、学校自筹、融资租赁等多元化、多渠道投融资机制，按照工学结合、知行合一的要求，打造生产、服务的技术和流程仿真技术技能训练体系与实训实习环境，开展校内外产学研创一体的产教融合实训基地建设。鼓励和引导企业以土地、设备、资金、技术、人才资源等多种形式深度、全面参与建设产教融合实训基地和平台。通过引企入校，共建产学研创一体产教融合实训基地，实现学校和企业在新技术应用人才培养目标上的一致；推行面向企业真实生产环境的任务式培养，实现学校实训教学与企业在就位岗位上无缝对接；多途径吸引企业将最新的技术设备用于学校教学，以实现教学设备与生产性设备在技术上保持同步。

三、构建教育服务社会发展的新生态

一是以协同创新为抓手，推进科技服务与产业相融通。鼓励将企业一线实际需求作为科技服务的重要来源，打造以企业为主体、产教深度融合的科技创新体系，围绕区域产业的关键技术、核心工艺和共性问题开展立地式研发，推动新技术应用研究与产业化对接融通。搭建行业骨干企业联合共建协同创新中心、科技研发平台、企业研究院等科技服务平台，加强新技术、新产业、新业态研究，构建“行业领先企业＋地方高校＋专业服务机构＋中小企业群”的产教融合发展平台。加快科技研究成果向产业技术转化，推进科技服务云平台、科技资源共享平台、技术创新专利导航平台等专业技术服务平台建设。完善学校科研评价体系，鼓励行业企业参与成果转化或示范应用，并将此成果转化成效作为项目和职称评定的重要内容。

二是以开放共享为目标，推进社会培训服务与产业相衔接。在新型城镇化过程中，大批一线劳动者面临技术提升、技能深化、职业转换、城市融入等困境，地方高校要主动承接地方政府的社会培训任务，瞄准传统产业改造升级和新兴产业的发展，加强与行业和领先企业合作，创新形式多样、贴近需求的教育培训方式，联合行业企业开展职业技能竞赛、行业技术比试、创新成果评选等活动，大力发展促进先进技术应用社会培训服务，使学校成为社会依赖的培训服务基地、顺应传统产业变革的换乘站以及促进新兴产业发展的人才聚居地。同时，地方院校要建立健全开放共享机制，校企共建“互联网＋”培训平台，开发立体化、可选择的产业技术课程和职业培训包，不仅面向院校提供学生实训、师资培训等服务，而且面向全社会提供职业培训、技能鉴定、产品生产、技术研发等多种公共服务。

三是以国际交流为突破，推进国际化人才培养与产业相融合。促进优质资源“引进来”，创新符合国情、符合地方院校特色的产教融合国际化人才的协同培养模式。引进海外高层次人才，以共建专业、共建基地、教师交流、学生交换、科学研究等多种合作形式，转化并深度整合国际先进地方院校资源。拓展与发达国家院校的合作办学，引进并结合自身优势，开发成熟、适用的国际通用职业标准、专业课程标准以及丰富的数字化教育资源等。建立中外合作办学机构、研发机构、技术技能人才培养培训基地和教育合作平台等，成为国际事务的参与者、国际标准的建设者、国际资源的提供者和中国企业国际化的协同者。深化产教协同“走出去”，配合中国企业重点在“一带一路”沿线国家和地区培养中国企业海外用人标准的本土化人才，构建产教融合视域下中国高等教育国际化人才培养标准，全面服务国家“走出去”战略，展示中国特色并提供中国经验。

第四节　地方院校产教融合推进乡村产业升级的思考

产教融合是产业与教育的深度合作，是高校与行业、企业各自依托自身的优势资源，以服务经济社会发展和区域产业转型升级为出发点、以校企合作为主线、以合约和互信为基础、以共同培育高素质技术技能人才为核心、以互惠互利、以合作共赢为动力、以文化互通为支撑、以共同开发合作项目、科技成果转化和技术转移为载体的产业与教育之间各要素的深度融合，是各参与主体相互支持、相互促进、相互合作的一种教育经济活动形式，是高校为提高其人才培养质量而与行业、企业之间开展的深度合作。地方院校产教融合的本质可以归结为产业和教育密切结合，相互支持、相互促进，在产中教、教中产、产中创，形成产业经济与地方院校浑然一体的互动合作的有机整体。

产教融合标志着地方院校改革进入了系统性、整体性变革的新阶段。因此，需要深入探究产教之间的内在关系，分析产业转型升级的核心内涵，根据教育链、人才链与产业链、创新链“四链”的经济学理论，深入探讨产教融合的理论与现实诉求，在人才培养供给侧和产业需求侧的双向结构要素中有效促进全面深度融合，构建产教融合推进产业转型升级的长效运行机制，培养高素质创新人才和技术技能人才，提高地方高校服务区域经济发展和创新驱动发展的能力。

地方院校产教融合的最根本任务就是将地方院校的技术创新成果通过企业转化为现实生产力，这不仅能让新技术应用人才最大限度地与本土经济产业相结合，而且能将地方院校传统的人才聚集优势转化为新技术应用人力资源优势，从而推动企业技术革新和区域产业转型升级。随着地方院校产教融合改革向纵深推进，地方院校产教融合已远超地方院校人才培养和校企合作领域的范畴。地方院校产教融合其内涵与外延已经延伸到包括教育和经济等在内的整个社会系统，它不仅是教育系统，更是经济系统的重要构成部分，已成为促进教育系统、人才系统与产业系统、经济系统围绕技术应用和技术进步而实现融通、共享和创新，实现政校行企协同育人，推进高等教育和产业转型升级的重要发展方式。从教育角度来看，地方院校专业设置要积极主动对接经济社会发展和区域产业布局，为支撑产业发展服务，通过科技成果、人才资源和社会服务的输出，使教育的价值得到充分实现，使高素质技术技能人才、高等教育的教育与培训、教育高质量品牌效应得到有效供给，使学校成为集人才培养、科学研究、科技服务为一体的产业性经营实体，为区域产业转型升级和经济社会发展提供支持与保障。

国家也一直倡导高校服务产业升级，并制定了一系列政策加以引导。

2019 年，国家发展改革委、教育部等六部门印发了《国家产教融合建设试点实施方案》，指出深化产教融合，促进教育链、人才链与产业链、创新链有机衔接，是推动教育优先发展、人才引领发展、产业创新发展、经济高质量发展相互贯通、相互协同、相互促进的战略性举措。开展国家产教融合建设试点，要坚持以习近平新时代中国特色社会主义思想为指导，全面贯彻党的十九大和十九届二中全会、十九届三中全会精神，深入贯彻全国教育大会精神，坚持新发展理念，坚持发展是第一要务、人才是第一资源、创新是第一动力，把深化产教融合改革作为推进人力人才资源供给侧结构性改革的战略性任务，以制度创新为目标，平台建设为抓手，推动建立城市为节点、行业为支点、企业为重点的改革推进机制，促进教育和产业体系人才、智力、技术、资本、管理等资源要素集聚融合、优势互补，打造支撑高质量发展的新引擎。其中明确要求探索建立体现产教融合发展导向的教育评价体系，支持地方院校、应用型本科高校、“双一流”建设高校等各类院校积极服务、深度融入区域和产业发展，推进产教融合创新。产教融合从职业院校延伸到了全部高等教育范畴。

这些政策完善了“政府、行业、企业等部门参与高等教育的宏观（产教融合）、中观（校企合作）和微观（工学结合）的要求”，[1] 并积极推进了区域产业转型升级和社会经济的快速发展。但这些政策文件并非法律文件，未能从立法视角厘清产教融合的法律关系及

[1] 罗汝珍．职业教育产教融合政策的制度学逻辑分析［J］．职业技术教育，2016，37（16）：8－13.

相关主体的权利和义务，没有清晰地界定产教融合的资金制度、办学制度、利益回报机制，对于产业部门参与高等教育的行为并不具有约束性。

产教融合是关乎高等教育质量提高、内涵式发展及地方院校社会服务职能充分发挥、释放区域创新能力的重大战略。2017 年党的十九大报告中强调优先发展教育事业，要深化产教融合、校企合作，同年国务院办公厅印发了《关于深化产教融合的若干意见》。2019 年《加快推进教育现代化实施方案（2018—2022）》则提出明确完善地方院校和培训体系，深化产教融合、校企合作。直至 2019 年 9 月，《国家产教融合建设试点实施方案》出台，要求深化产教融合。在具体实践中，产教融合还存在许多堵点和痛点，亟须将产教融合上升为国家教育改革和人力资源开发的基本制度和战略，并相应予以疏通和破解。[1] 产教融合是推动教育优先发展、人才引领发展、产业创新发展、经济高质量发展相互贯通、相互协同、相互促进的战略性举措。作为国家人力资源开发和人才储备的制度性安排，作为推动高等教育体系与现代产业体系协同发展的核心体制机制，地方院校产教融合对社会经济发展和产业转型升级具有基础性、引领性、全局性作用。

第五节　乡村振兴推进地方院校人才培养的思考

“乡村振兴，人才振兴是关键”，乡村全面振兴，“换道超车”，关键在人。党的十九大报告提出乡村振兴战略，明确“创新乡村人才培育引进使用机制，建立地方院校之间人才培养合作与交流机制”，为乡村振兴提供人才支撑。因此，作为乡村振兴建设人才输入的主力军的地方院校，需要充分发挥自身优势提供人才培养、教育服务、科技支撑等方面的优势，着力加强科技创新和基层社会服务等方面的人才培养力度，提供复合型人才输入的坚强后盾。然而，地方院校人才培养模式全面助力乡村振兴是一个系统工程，国内虽有部分地方院校进行人才培养模式创新并初见成效，但其存在的问题也很显著：人才培养与地方需求不相适应，人才需求与人才供给不相契合，科技需求与人才能力不相匹配。因此，在乡村振兴的时代机遇和地方院校合作的视角下，探讨地方政府与地方院校合作，重构地方院校人才培养模式，针对性地解决数字乡村建设人才培养的瓶颈问题，转变地方院校教育理念，为乡村振兴提供人才支撑具有重要的意义。

[1] 刘海明．产教深度融合：高职院校推进区域产业转型升级的战略选择［J］．高等工程教育研究，2020（6）：129－135．

一、地方院校融合人才培养的现状

（一）地方院校与地方（政府）乡村振兴融合程度不高

地方院校合作育人涉及地方政府与院校两个主体的利益，是一个长期、复杂的动态过程。地方院校自身没有强烈的主观性，未从根本上认识到地方院校融合的作用和意义，把地方院校融合、产教融合作为响应国家政策的一种口号，没有把地方院校融合、产教融合、协同育人的教育理念贯穿整个教学系统。对地方类高校而言，没有强有力的推动力去进行地方院校融合；地方（政府）因完成各种上级指标考核，对地方高校推动当地发展持有观望态度，地方高校对当地的发展需要一个时间、资源、组织成本，是一个周期过程，短期时效性不高；同时，地方乡村产业是一个营利机构，其出发点和落脚点均是利益，在经济新常态的社会大背景下，大多企业面临着更多的挑战，其自身已自顾不暇，在无利可图和具有风险的境况下，企业不会主动和学校进行合作，即使是合作也只是停留在表面上的低层次合作。

（二）人才需求与人才供给不相契合、科技需求与人才能力不相匹配

乡村振兴，人才先行。随着乡村振兴进程的加快，不论是从乡村振兴人才的数量和质量上都有大幅度的骤增。然而，涉农类人才供给侧严重不足，专业技术人才支撑力不足，人才队伍年龄、层次结构不合理，现有地方院校中人才培养与地方经济发展不契合的情况比比皆是。随着科技化、智能化的发展，乡村振兴化进程中对专业人才提出了更高的要求，不仅需要懂专业技术、知管理、善经营、晓信息，而且需要综合实践技能的复合型人才。因此，地方院校要适应现代化发展趋势，其专业设置应与地方产业布局相适应，因地制宜，做到精准施策，为乡村振兴提供精准的人才资源匹配。

二、地方院校人才培养现状原因分析

（一）自身驱动力不足、个人发展空间受限

地方地方院校大学生是实现乡村振兴的专业骨干力量。不但能够从一定程度上缓解就业难问题，最重要的是能有效弥补农村人力资源的不足，同时，也能促使大学生个人价值实现，进而带动农村经济的高质量发展。但目前现实情况是因农村生活、工作条件的限制使得涉相关专业高校毕业生自身驱动力不足，个人发展空间出现天花板，从而导致其积极性和主动性比较低。

（二）农村教育、医疗、人文等基础生活环境影响

农村地区的经济发展水平与城市相比相对落后，教育、医疗、人文环境等基础设施建

设明显落后，基本生活条件相对比较艰苦。受社会环境的现状影响，地方高校毕业生返回农村工作的人数较少，尤其是高学历的高校毕业生，更愿意去高校或者科研所、事业单位等单位，且留在城市工作。

三、乡村振兴背景下地方院校融合人才培养路径对策

（一）多方联动，建立健全地方院校校企联络机制

建立政府、乡村产业与地方院校深入合作办学机制是地方院校融合、产教融合发展的必然要求，有利于加强各方互动，形成促进乡村振兴战略的合力。在早几年，苏州农业职业学院成立了为农服务办公室，负责制订为农服务计划和具体实施方案，承接政府服务项目，组建为农服务团队，开展田间课堂专项培训和入户技术指导，协调对外关系。地方院校可以借鉴苏州农职院的做法，成立为农服务联合领导小组，制订年度计划并进行监督，解决实际地方农业产业发展过程中的问题，形成地方院校深度融合、服务三农的工作合力。

（二）建立人才数据库，完善技能人才供给大数据平台

做好地方乡村政府的深度调研工作，一方面，地方乡村政府需要结合本地乡村产业特色，做好地方优势产业的人才需求数量、需求类别以及需求质量的深度调研工作，上报给上级政府，做好顶层规划，并根据地方乡村振兴产业所需人才做好财政储备工作；另一方面，对本籍贯在外地求学高校学生（专业就业情况）情况进行摸底，对涉农专业数量不足情况进行登记记录，作为政府明年工作要点并重点落实，使供需关系在一定程度上进行缓和，间接促进地方院校深度融合的可执行性和现实性。

（三）加大地方院校财政扶持力度，引进优秀师资

“名师出高徒”，对于地方院校而言，由于人才引进政策不完善，人才培养发展、激励管理等机制不够健全，同时农业科技成果转化、农业产品周期等各种原因，导致地方院校名师认同感和价值感较低，积极性受到较大限制。对地方院校的支持力度不足，地方院校教师的激励欠缺。农业科研投资强度不足1%，严重低于发达国家和世界平均水平，低于全国科研投资强度平均数。政府需要加大对地方院校的资金扶持力度，并纳入全年工作计划并跟踪实施，对地方院校不定期地进行访谈、调查，对缺少人才创业项目、创新环境和发展平台的高校给与定向扶持，对人才培育、引进、评价、激励、保障和服务的政策措施进行督促和检查，使高校名师人才既“引进来”又“留得住”。

（四）涉农人才培养评价机制构建

从上级政府、高校、教师、学生等多个方面建立涉农人才培养评价机制，促进地方院

校师生加入地方乡村振兴产业的积极性。

1. 政府加大对高校资金投入力度奖励地方院校

从地方政府到上一级政府做好地方乡村振兴产业的奖励、激励政策和制度，并真正落到实处进行实施。通过地方高校的“为农办公室”建立起的乡村产业、地方经济、高校之间的联动关系，定期进行成果转化汇集，并根据成果转化程度和效果进行奖励，激发地方院校、教师和学生的积极性。

2. 科研转换成果奖励

除了做好上级政府的奖励政策外，地方院校应建立学校内部的成果转化评价、奖励机制和制度，并纳入学校年度工作计划进行落实实施，根据成果大小设置奖励金额。

综上，多学科融合，因地制宜，精准施策，建立长效机制，使地方院校融合真正落到实处，为地方政府、地方高校、乡村产业经济、高校毕业生得到长期有效合力发展，为乡村振兴带来源头和活力。

第五章　围绕乡村振兴地方院校产教融合型实训基地建设的实践探索

本章主要围绕乡村振兴地方院校产教融合型实训基地建设的实践进行探索。其中主要包括乡村振兴产教融合型实训基地建设的意义、乡村振兴产教融合型实训基地的界定功能与评价、乡村振兴产教融合型实训基地的现状与问题分析、乡村振兴产教融合型实训基地建设优化与完善策略。

第一节　乡村振兴产教融合型实训基地建设的意义

实训基地是高等职业教育实践育人的重要场所，其建设与管理的重要性不言而喻。然而多数地方院校对实训基地的建设与管理存在认识不到位，投入不足及重建设、轻管理的现状。因此，如何更有效地加强实训基地的建设与管理，更充分地体现高职教育实践育人的特色，成为地方院校面临的重要问题。基于此，摸清现阶段实训基地的发展现状和管理水平，构建地方院校高质量实训基地的科学评价体系，对于指导产教融合型实训基地的建设及管理实践具有重大意义。具体而言，包括以下几点。

一、有助于贯彻落实国家层面的政策导向

高等职业教育与普通高等教育的主要区别在于更强调以实践方式培养高素质技术技能人才，使他们能够适应当前企业一线生产、管理、建设、服务的需求，实训基地则为这一目标的实现提供了平台和保障。近年来，国家颁布了一系列政策，对实训基地的建设提出了明确要求。

教育部于2006年发布了《教育部关于全面提高高等职业教育教学质量的若干意见》(教高〔2006〕16号)，指出“高等职业教育既面临着极好的发展机遇，也面临着严峻的挑战”，提出“形成一批教育改革力度大、装备水平高、优质资源共享的高水平高等职业教育校内生产性实训基地”。

作为高等职业教育的主要依托和实践育人的重要场所，实训基地是培养学生职业技能和职业素养的摇篮，担负着地方院校大部分的实践教学任务，只有通过大量的模拟训练，才能够实现地方院校在校学生与企业提供就业岗位的“零距离”对接。

实验、实训和实习是人才培养过程中的三个重要环节，高等职业教育人才培养模式改革的重点是加强教学实践过程中对学生的职业技能、实践能力的培养和进一步提高实训基地开放共享的程度。因此，实训基地建设已成为高等职业教育中理论与实践一体化运行和实施的重要保证，是不断培养高素质技术技能人才的主要手段。重视对地方院校实训基地的建设，能够使一批具有发展优势的专业凸显出来，逐步成为特色专业，为社会公众、职业院校在校生取得职业技能等级证书和企业提升人力资源水平提供有力支撑。

二、符合人才强国战略的需要

党的十九大报告中提出，坚定实施人才强国战略，人才资源是第一资源。地方院校实训基地培养的技术技能人才为我国经济社会发展提供了有力的智力和技术支持。现代职业教育体系框架全面建成，服务经济社会发展能力和社会吸引力不断增强，具备了基本实现现代化的诸多有利条件和良好的工作基础。随着我国进入新的发展阶段，产业升级和经济结构调整不断加快，各行各业对技术技能人才的需求越来越紧迫，实训基地的地位和作用越来越凸显。

三、促进地方院校实训基地的可持续发展

教育部强调，在地方院校实训基地建设中，要积极探索生产性实训基地建设以及各种新模式相结合的建设方式。通过企业提供的先进技术设备和师资力量以及学校提供的实训场地，不断加强和促进实践教学，逐步增加校内生产性实训基地以及同企业合作开展的校外实习的比例，提高学生的实践能力。因此，对地方院校实训基地建设开展研究，将有利于提升地方院校与政府、企业、行业协会开展合作的积极性，有利于探索多元的合作模式，适应市场对人才需求的变化，从而实现地方院校实训基地的可持续发展。

四、促进产教融合型实训基地模式的提出

随着高等职业教育教学改革的深入，实践教学在整个教学环境中的地位大大提升，提高学生的实践水平是当前职业教育的重要发展趋势，高等职业院校要根据社会需要，适应社会发展，进行高素质技术技能人才培养，但目前仅仅依靠学校自身力量建设实训基地是远远不够的，必须拓宽建设实训基地的思路，充分利用社会资源建设实践教学基地，学校应当积极主动地同政府、行业、企业等寻求紧密的合作，构建产教融合型实训基地模式。

所谓产教融合型实训基地，是指以地方院校为依托，由政府发挥统筹协调作用，结合产业结构调整的需求，整合地方院校、行业、企业的资源，集中资金投入建设的实训基

地，实训基地发展与产业规划发展相结合，实训基地运作与生产经营相结合，促使实训基地走开放共享之路，通过签订校企合作协议保障实训基地的有效运行，实现实训基地校内运行向提供开放共享的优质服务转化。

综上所述，建设乡村振兴产教融合型实训基地，一是有利于“教”与“学”双向建设。建设产教融合型实训基地，不仅可以弥补校内实训基地的不足，同时也可以营造“教”与“学”双向进行的学术氛围，有利于构建“教”与“学”双向进行的社会职业情境，有利于锻炼和培养学生胜任某一职业岗位的能力。二是有利于打造“双师型”教师队伍。多元主体模式下建设的实训基地，要求教师具备专业的职业技能以及深厚的理论知识，同时根据国务院最新规定，自 2019 年起，职业院校、应用型本科高校相关专业教师原则上应从具备 3 年以上企业工作经历并具有高职以上学历的人员中公开招聘，以有效推动“双师型”教师队伍建设。三是有利于完善实训基地建设模式。产教融合型实训基地是在落实国家人才强国战略、适应社会人才需求的背景下对地方院校实训基地模式的探索与完善，发挥多元主体优势，开展不同形式的合作模式是经济社会发展的必然要求，也是必由之路，这将有助于实现教育与产业的良好衔接。

第二节　乡村振兴产教融合型实训基地的界定功能与评价

一、产教融合的多元主体

多元主体包括所有支持、扶持和与地方院校产教融合型实训基地产生业务关系的相关组织和单位，具体而言包括以下几类。

（一）政府主体

政府主体包括各级政府及有关部门。各级政府是指中央、省、市等各个层级的政府；有关部门是指教育、劳动、商务、发展改革委、经信委、财政、税务等相关单位。政府的相关职能主要为规划战略、制定政策、依法依规监管等。

在实训基地建设中，政府部门起着主导和引领的作用：一是把握方向，政府根据国家发展战略及规划对地方院校实训基地建设提出方向性指导。二是政策扶持，政府需要创新制度改革、加强政策引导，对行业、企业参与实训基地建设给予扶持，使行业企业在合作中获得利益，引导行业、企业在实训基地建设过程中从“要我参与”转变为“我要参与”。三是法律保障，政府需要建立合作建设基地的有关法律保障，明确在合作的过程中行业、企业和院校的责任与义务，明确准入条件，建立审批制度，完善退出机制。

（二）行业相关组织主体

行业相关组织主要包括涉及行业管理、监督、支持的相关部门，高等职业院校实训基地的相关行业组织主要包括行业协会和全国行业职业教育教学指导委员会等。

1. 行业协会

行业协会是指介于政府、企业之间，介于商品生产者与经营者之间，并提供服务、咨询、沟通、监督、公正、自律、协调的社会中介组织。行业协会等行业组织的主要职能是把脉行业发展，监测产业动态。行业协会作为教学和生产之间联系的重要纽带，承担着制定、修订相关标准、技术规范以及参与评定和监管生产等多个重要职责。作为最了解本行业运行情况、发展方向、供需关系等情况的一方，行业协会对企业的发展与进步有很重要的作用。因此，没有任何一方能够代替行业协会在合作教育中的地位。在合作办学机制里，行业协会要预测动向，为企业、学校提供资讯，让高等职业教育更好地服务于行业，满足企业真实需求，真正实现专业和产业、岗位与企业的有效对接，保证企业与院校长远密切合作。

2. 各行业职业教育教学指导委员会

各行业职业教育教学指导委员会（以下简称“行指委”）于2010年成立，2012年重组，2015年教育部发布《教育部关于公布全国行业职业教育教学指导委员会（2015—2019年）组成人员的通知》（教职成函〔2015〕9号），教育部会同相关行业主管部门和行业组织完成了对原有53个行指委的换届工作，并同时批准增设报关职业教育教学指导委员会等3个行指委，目前共有56个行指委。

各行指委是受教育部委托，由行业主管部门或行业组织牵头组建和管理，对相关行业（专业）职业教育教学工作进行研究，提供咨询、指导和服务的专家组织，同时也是指导本行业职业教育与培训工作的专家组织。

行指委的主要职能是：分析研究国家经济建设、科技进步和社会发展，特别是经济发展方式转变和产业结构调整升级对本行业职业岗位变化和人才需求的影响，提出本行业职业教育人才培养的职业道德、知识和技能要求；指导推进相关职业院校与企业合作、联合办学，推进校企一体化和行业职业教育集团建设；指导推进本行业相关专业职业院校教师到企业实践工作，提高教师专业技能水平和实践教学能力；推进职业院校相关专业实施“1＋x”证书制度；研究本行业职业教育的专业人才培养目标、教学基本要求和人才培养质量评价方法，对专业设置、教学计划制订、课程开发、教材建设提出建议；参与本行业职业教育教学基本文件、专业教学标准、实训教学仪器设备配备标准和教学评估标准及方案制订工作；参与职业教育国家级教学成果奖励实施工作；组织本行业相关专业教学经验交流活动等。

（三）企业主体

企业一般是指以营利为目的，运用各种生产要素（土地、劳动力、资本、技术和企业家才能等），向市场提供商品或服务，实行自主经营、自负盈亏、独立核算的法人或其他社会经济组织。

企业的主要职能是将“岗位需求、职业标准、生产过程”对接人才培养全过程。企业是职业教育的坚强后盾和直接受益者。参与校企合作既是企业自身发展的需要，也是企业承担社会责任的重要体现。企业通过共建基地、提供兼职教师、共建专业、接受学生顶岗实习等，全面参与院校教育教学活动，为企业赢得可持续发展和参与国内外市场竞争的人才支撑和智力支持，同时也为企业的技术改造、产品研发、科技攻关、职工培训与继续教育等搭建资源共享平台。

（四）学校主体

地方院校的办学宗旨，是培养生产、建设、管理、服务一线需要的高素质技术技能人才，强调岗位需求、职业要求，因而实践性、职业性、创新性是职业教育人才培养的本质要求。从服务发展的角度看，对于学生，强调社会责任感、职业素养和实践能力培养，坚持工学结合、学中做、做中学是人才培养和学生成长的基本规律；对于经济社会发展，强调服务能力建设，持续提升职业院校专业服务产业转型升级和发展的能力，是职业院校存在和发展的本质要求。

学校的职能是培养与输送契合市场需求的人才。地方院校从诞生之日起，就与区域经济社会发展有着天然的联系，校企关系本质上体现的是教育与经济的关系，校企合作是教育与经济相结合的具体形式。在利益共同体中，地方院校是合作重要的主体参与者，也是最终受益者。在合作过程中，学校依据企业人才需求规格，把企业岗位技术标准纳入课程体系，与企业共同设计人才培养方案，共同开发课程体系，共同完成教育教学任务，共同管理实习实训，使学校的人才培养与就业岗位实现无缝对接；同时学校教师也在参与企业的生产、经营、产品开发、技术改造等过程中，提高了服务地方经济和社会发展的能力。

二、产教融合型实训基地的评价

（一）从政府角度而言

从政府的角度来说，目前我国产教融合型实训基地的现状是政策引导力不足，未形成切实有效的合作机制。

《国务院关于大力推进职业教育改革与发展的决定》（国发〔2002〕16 号）中明确提出了建设产教融合型实训基地的构想；2004 年，教育部、财政部等七部委提出，要“调动社会各方面力量共同参与，多渠道筹集建设经费”；2005 年，《国务院关于大力发展职业教育的决定》提出由中央财政拨出专项资金，通过奖励等方式来支持重点实训基地的建设；2006 年，《教育部关于全面提高高等职业教育教学质量的若干意见》中提出，由国家“在重点专业领域选择市场需求大、机制灵活、效益突出的实训基地进行支持与建设”。这些文件成为国家引导职业教育实训基地建设的核心文件。但是，这些文件仅仅是“顶层设计”，缺少可操作的制度安排。虽然广东、山西、江苏、浙江等省份相继出台了相关配套政策，但是依然停留在“指导性意见”层面，没有引导社会资金参与实训基地建设的具体措施，政策引导性不强。2019 年 9 月，国家发展改革委等六部委发布《国家产教融合建设试点实施方案》（发改社会〔2019〕1558 号），提出“要创新实训基地建设和运行模式，按照校企共建共享原则，建设一批具有辐射引领作用的高水平、专业化产教融合型实训基地”。

（二）从行业角度而言

从行业的角度来说，目前我国产教融合型实训基地的现状是行业组织的指导作用发挥不足，未能达到预期效果。行业组织能够准确把握市场的变化，能够深刻而敏锐地察觉到所处行业的生存状态、存在问题、潜在危险和发展前景，对行业内不同企业的管理水平、技术储备和核心竞争力水平等情况非常熟悉。但在现实中，行业组织却往往被排除在人才培养的制度之外，难以发挥特有的优势。现在很多地方院校虽然一直都在提倡政、行、企、校合作办学，但是行业在实训基地建设和评价过程中的指导和连接作用几乎从未发挥。

（三）从企业角度而言

从企业的角度来说，目前我国产教融合型实训基地的现状是企业参与度不够，未能实现精准对接。企业参与实训基地的建设不可或缺，实训基地实训工位的规划、实训课程的设置、实训内容的确定、实训过程的设计必须与企业的岗位需求、职业标准、生产过程精准对接。实训工位与产业、职业岗位对接，是指根据产业发展和岗位需求动态调整工位的设置。实训课程内容与职业标准对接，是指根据产业转型升级对职业标准提出的新要求，将职业标准融入实训课程标准、实训课程内容的设计和实施。实训过程与生产过程对接，是指强化工学结合，加强实习实训环节，培养符合产业标准的人才。但是现实是岗位需求与实训工位、职业标准与实训内容、生产过程与实训过程未能精准对接，所以对于实训基地建设，企业的参与是重中之重。

（四）从学校角度而言

从学校的角度来说，目前我国产教融合型实训基地的现状是人才供需的偏离。理论上，地方院校必须关注市场需求的变化，及时调整人才培养方案并制定动态的教学机制。此外，地方院校还应大力实施工学结合，推进对学生操作技能的培养进程，突出高等职业教育培养学生实践能力的办学特色，以满足区域市场的人才需求，适应经济社会发展。实际上，存在着企业招不到合适的人才，学生找不到合适的工作，无法从事与所学专业相关的职业的情况。这说明学校培养的人才市场不需要，市场需要的人才学校培养不出来，如果人才供需的两条轨道不对接，这种严重偏离的人才供需关系将会进入一个死循环。

三、产教融合型实训基地的典型模式

“产教融合、校企合作、协同育人”已经成为我国职业教育发展的共识。在全国各地地方院校积极探索产教融合型实训基地的实践中，有不少模式值得研究和借鉴。通过整理和剖析，发现主要有以下三种典型模式：

（一）学校主导型

学校主导型指学校作为实训基地建设的主体，通过理论先导，根据经济转型发展和区域产业的需求，前期整体布局、自行规划建设相关的实训基地，有了一定的基础和规模后，通过顶岗实习、承接加工、技术推广、筑巢引凤、创业孵化等方式促进校企双方的深度合作。例如，很多地方院校通过成立大学科技园区，为相关的企业提供场地、优惠政策等便利条件，吸引相关企业入驻。

（二）企业主导型

企业主导型是以企业需求为导向，切实解决行业、企业在发展过程中凸显的人才和技术问题。常见的形式有订单班、企业挂牌联合办学模式等。订单班是指由大型企业提前预订（签约）学生组成的班级。学生在校期间，企业根据自身的岗位需求，在相近或社会通用专业中选拔在校生组成“订单班”，然后学校按照企业提出的人才培养目标和知识能力结构，修订教学计划，组织教学。“入学即就业”的订单班能够有效地促进毕业生就业率和就业质量的提高；企业挂牌联合办学是指企业根据自身的发展战略规划，针对相关学校的主体专业，依托学校的优质资源，出资挂牌成立学院主体，最终实现与学校联合办学，培养企业急需人才。

（三）“政行企校”四方共建型

四方共建是“政行企校”四方主体合作共赢的新模式，通过构建“目标共同定、资源共同建、人才共同育、成果共同享、责任共同担”的体制机制，加强校际、校企合作，学校与行业协会、科研机构合作，推动实训育人，实现职业教育和其他主体优势互补、资源共享，拓展空间，增强总体实力，为满足社会经济建设和社会发展对高素质技术技能人才的需要服务。

“政行企校”四方共建型的表现形式多种多样，主要有“政府牵头、行业指导、企业参与、学院实施”“校企共建、股份合作、政府主导、区域共享”“政府扶持、行业主导、学院共建”“政府主导、行业引领、学院推进”等具体形式。这些表现形式虽表达方式有所差别，但本质相同，都涉及四方主体，每个主体发挥的作用也都大同小异。这种类型的基本流程是：建立理事会—制定章程—合作体制机制建设—共同培养人才。

除此之外，四方共建型还有一种重要的表现形式即职教集团。职教集团是由职业院校、行业企业等组织为实现资源共享、优势互补、合作发展而组成的教育团体，是近年来我国加快职业教育办学机制改革、促进优质资源开放共享的重要模式。目前，有像陕西国防工业职业教育集团等一批骨干职业教育集团已初步发挥示范引领作用。

第三节　乡村振兴产教融合型实训基地的现状与问题分析

一、地方院校专业体系与乡村社会治理、产业发展需求不匹配

目前，地方院校和乡村社会治理、产业发展尚未统筹融合、良性互动，需求导向的专业人才培养体系亟待完善，一些涉农高职院校不自觉地将“发展非农专业作为办学的主要目标和主攻方向，轻农、去农、离农现象十分严重”。

（一）专业体系与乡村发展全产业链未能有效对接

随着精准扶贫和乡村振兴战略的接续实施，以及工业 4.0 和信息化 2.0 的持续助力，乡村经济、社会、文化、卫生等多个领域均发生了较大的变化，农业及农产品加工业与其他产业深度融合发展出了乡村特色文旅、乡村特色餐饮、乡村康养、乡村电子商务等新业态，但地方院校涉农专业门类和专业方向的调整步伐明显滞后于乡村社会和产业发展，依然是以畜牧兽医、园林技术、园艺技术三大类专业为主导，未能围绕乡村发展全产业链打造结构合理的专业体系。

（二）专业建设同质化现象严重

一些高职院校忽略地方农业产业基础、学校自身办学条件和专业内涵建设优势，在未经过充分调研与论证的情况下，盲目对接政策热点，新增涉农专业和专业方向。但其往往只是在学校已开设专业的内核基础上新增少数几门差异化课程，甚至仅仅是换了几个课程名称，与原有专业同质化现象严重。

二、地方院校人才培养规格与乡村人才需求不匹配

地方院校供给侧与乡村需求侧存在结构性矛盾，高职涉农教育毕业生的培养成效难以达到预期，爱农业、懂技术、善经营的创新创业型乡村人才培养目标尚未实现，无法有效满足乡村振兴的人才需要。

（一）涉农专业生源质量有待提高

市场化导向促使高职院校和家长、学生均盲目追求热门专业，导致涉农专业陷入招生难，招生成本增加。整体而言，涉农专业学生高考分数和综合能力均偏低，相当一部分学生属于专业调剂生，学习的主观能动性较差。

（二）涉农专业人才培养质量有待提高

一是人才培养尚未完全脱离学科教学的桎梏，人才培养模式、教学资源、教学内容等脱离乡村发展实际，教学改革步伐无法跟上当代乡村的快速发展。二是高职院校多地处城市，乡村实践基地建设滞后，同时由于农业产业易受土地、防疫、季节、天气、空间距离等因素的制约，涉农专业产教融合难度较大，实训实践体系构建的开放性不足，实训组织困难、耗材严重，部分技能培训流于形式，与生产实际存在脱节现象。三是创新创业能力培养不足，农业产业资金投入较大，投资周期较长，投资风险较大，高职创新创业教育依然停留在“写方案”阶段，很难做到由虚入实的转变。

（三）涉农专业人才乡村情怀教育培养亟待加强

长期从事乡村产业首先要源于对乡村的热爱，目前涉农专业人才培养在一定程度上忽略了学生的乡村情怀教育。虽然涉农专业学生大多数来自农村，但由于乡村产业发展不充分，社会配套不齐全，所能提供的工作岗位在工作环境、薪资待遇等方面与城市特别是长三角、珠三角城市群有较大的差距，加上社会舆论对于“农民”这一职业的偏见，他们普遍有“跳出农门”的思想。即便涉农专业毕业生的初次对口就业率较高，但往往难以持续，随后的流失率居高不下。

三、地方院校社会服务供给与乡村社会发展需求不匹配

地方院校的社会培训、科学研究与科技推广、文化传播等社会服务工作还有很大的提升空间，对乡村产业发展、社会治理的支撑作用还有待进一步增强。

（一）高职涉农专业缺乏科研基地和科技推广基地

农业产业科技发展的一大要素是土地资源，涉农高职院校由于搬迁、城市发展等因

素，大多数已没有成规模的产业基地，与农业产业化企业的联系又不够紧密，一些科研项目和科技推广工作缺乏坚实支撑，难以有效落地。

（二）高职院校教师的社会服务能力和动力有待提高

一方面，目前高职院校教师的主体依然是“从学校到学校”的高校毕业生，下企业轮岗实践未得到高质量实施，教师自身缺乏一线生产实践经验，难以胜任乡村社会服务工作；另一方面，高职院校缺乏相应的配套政策和成熟的社会服务运行机制，教师开展社会服务的付出和回报不成比例，开展社会服务的动力不足。

（三）农民教育培训质量有待提高

农民教育培训不成体系，对农民教育培训需求调研不足，培训针对性不强，一些职业院校开展的农民培训流于形式，不仅没有根据农业生产实际合理安排培训时间，甚至出现影响农业生产活动、最终损害农民利益的情况。

（四）“三下乡”活动尚未常态化

乡村社会发展需要科技、文化、卫生等方面的知识普及和活动开展，高职院校师生在“三下乡”活动中开展了系列工作，做出了一定的成绩，但与广大村民的期待值仍然有一定距离，对于乡村社会公共必需品的供给依然不足。

第四节　乡村振兴产教融合型实训基地建设的优化与完善策略

一、转变政府职能，建立深化产教融合长效机制

已有的产教融合型实训基地的建设多在摸索中前进，边借鉴国外的先进经验，边进行自我探究。而今，随着实训基地的数量越来越多、规模越来越大，对其进行科学有效管理，创建中国特色产教深度融合的实训基地模式势在必行。

（一）转变政府职能

提高产教融合型实训基地建设水平的第一步就应当转变政府职能，由注重“办”实训基地向“管理与服务”过渡。政府主要负责规划战略、制定政策、依法依规监管。建立起多主体协调议事机制，在实训基地管理委员会的领导下，通过定期组织合作主体协商会议，不定期召开实训基地重大决议研讨会议，建立以专业为主体的基地运行情况调研制度

等方式，让合作主体间进行及时有效沟通，确保各方对实训基地的建设与管理能充分参与。

然而建立合作主体的互融统合机制，基于合作主体间利益诉求有所不同，体现在基地运行中教学与生产之间难以“合二为一”，此时我们需要政府在其中发挥协调与监管职能，帮助实训基地的管理和运行，使各合作主体加强彼此间的联系和沟通。

1. 协调职能

首先，政府应发挥统筹协调作用，着眼于职业教育产教融合型实训基地的发展需求，全面调查实训基地建设情况，科学预测实训基地未来发展趋势，对实训基地共建的布局规划、选址建设、功能定位等进行统筹安排，对实训资源进行宏观布局，发挥好政府在实训资源配置中的指导性作用。

其次，政府应注重更好地发挥在实训资源配置中的决定性作用，建立多元主体共建联席协商会议制度，经常性地组织开展实训基地共建的工作协商，沟通信息，通报情况，解决问题，确保共建各方能充分参与进来。实训基地共建的利益相关者，包括教育、人社、财政等政府部门、职业院校以及行业企业，就区域内技术技能人才的供求现状、实际培养情况、未来人才的需求等进行充分交流，深入探讨实训基地共建的可持续性，对实训基地共建进行规划、协调、深化。

2. 监督机制

实训基地共建的顺利完成离不开有效的监督约束机制。

首先，基地应建立共建审核制度。由实训基地共建的牵头单位负责制订共建方案，方案包括实训基地合作共建需要的外部条件、合作方式、合作内容、资产管理等内容，之后由相关部门成立共建方案审核小组，对共建方案的实施条件、具体举措、保障措施等进行审核。

其次，要规范实训基地共建专项资金使用。各政府部门应联合出台实训基地共建专项资金使用规章制度，主要包括建立财政专项资金预算制度、完善财政专项资金管理办法、建立财政专项资金绩效评估机制、建立共建项目优胜劣汰退出机制。

最后，要明确各共建主体参与实训基地共建的权利与义务。政府应在充分听取共建各方意见的基础上，制定相关的法律法规，还应该负责协调共建各方的利益，通过双方的协商与沟通后，签订实训基地共建协议书，协议书中应明确共建各方在经费、设备、人员、场所投入等方面的义务，以及享受的使用权、所有权、利益分配权等权利，根据参与方自身投入的财物比例，对实训基地的收益按比例进行合理分配，制定强制性条款确保共建各方严格执行。

（二）深化校企合作

企业应当发挥市场需求主体作用，有条件的企业特别是大企业应当积极创办或参与高质量的产教融合型实训基地。学校要和企业、行业形成利益共同体；学校专业建设、课程建设要与行业发展、企业岗位需要对接，注重学生实践能力培养；学校教师和学生要真正走出校园、走上社会、深入企业、顶岗实践。

1. 企业层面

作为现代企业，要强调履行社会责任。企业不能只是为营利，只为营利的功利思想会导致企业在人才培养方面没有责任意识，在校企合作方面没有主动性和动力，校企融合在现在看来只是地方院校单方面的热情，远远不能满足地方院校培养人才的基本需要。建议企业应该承担更多的社会责任和义务，参与到高等职业教育办学中来，让更多的企业成为高等职业教育的办学主体，让企业过剩的产能得以有效利用，建立起校企深度合作、协同育人的长效机制。

2. 学校层面

地方院校现在作为培养高素质技术技能人才的主体更应该积极探究高等职业教育发展的规律，不断调整自身的发展方向，彰显设置专业服务产业属性，努力突出办学特色。

地方院校的校长应是职业教育方面的专家，有明确的办学方向和先进的办学理念，能够探究高等职业教育发展的规律，引领高等职业教育和国家经济社会发展的需求相适应。明确职业教育和普通高等教育的不同，从而在人才培养方面更能和职业岗位相结合，彰显行业和职业特性。

地方院校的中层领导，特别是分院（系）、部的领导是整个高等职业院校的中坚力量。人才培养是一项团队工作，单纯依靠一个领导人或教师的个人能力都是不科学的。地方院校的分院（系）、部中层在组织教学、科研中起着至关重要的作用，特别是在专业设置方面。所以，中层领导更要有彰显行业和职业特性的意识，只有如此才能培养出更多符合市场、企业需要的优秀高素质技术技能人才。

一线教师直接面对学生，课程建设的任务主要由一线教师承担。学校的人才培养理念能否实现，培养的学生能否适应市场的需要，主要依靠一线教师在课堂教学、教材建设、实习实训环节等方面发挥作用，教学是否贴近实际岗位工作要求，学习领域是否贴近工作领域，要求一线教师要有影响行业和学科个性的意识，关注人才培养模式的新变化，不断调整教学方式和教学内容，培养更多的适应国家经济转型、产业升级发展需要的高素质技术技能人才。高等职业教育的发展既要符合职业教育的发展规律，也要符合人才的成长发展规律。要不断提高认知水平，加深对职业教育规律的认识和把握，深化改革，勇于实践，贡献智慧，提供经验，为加快建设中国特色的现代高等职业教育体系贡献力量。

（三）建立长效机制

合作建设产教融合型实训基地，是校企合作人才共育的有效途径，实现互利共赢是合作的长效机制。实训基地建设的创新，离不开良好的法治环境和政府相关政策的支持，更离不开作为主体的学校与企业的参与和支持。

1. 构建有约束的企业利益保障机制

企业的根本目标是追求经济利益最大化。地方院校实训基地建设能否可持续发展，主要取决于合作后企业能否产生良好的经济效益，因此，需要建立企业利益保障机制。第一，设立政府奖励基金，对积极参与校企实训基地建设的企业进行认证并给予一定的奖励，一方面是对企业在实训基地建设中承担相关责任和义务的费用与风险的补偿，另一方面表明政府的态度，对社会起引导作用，对企业而言则是一种宣传，对调动其积极性有积极作用；第二，完善经济激励机制，制定科学的可量化实训基地教学质量评估标准，制定严格的实训基地教学质量评价程序，对实训基地建设进行全方位的绩效评估，对达到一定标准、积极参与校企合作实训基地建设的企业，实行适度的税收减免和优惠政策；第三，保障人才优先供给，通过校企共建实训基地，企业可以源源不断地获得高技能优秀人才，企业还可以根据需要，采用订单培养、现代学徒制等培养方式培养“工程专家”和“技术能手”，获得企业所需的高技能人才。

2. 构建学校良性的运行保障机制

首先，学校要基于企业的产品或项目，借助实训基地平台，主动承接或实施，形成双方的结合点；基于企业的“工程专家”和“技术能手”，实现教师（师傅）互聘，弥补地方院校“双师型”教师不足的问题；基于企业真实的职业环境，营造浓厚的实训职业氛围，提高学生的职业技能和综合素质；其次，利用地方院校的教学、科研、品牌等优势，通过拓展社会服务功能等创造经济效益，培育实训基地“造血”能力；最后，学校要集中有限的财力和物力，重点保证共享性强的实训基地建设，充分利用地方院校现有的实训设备和设施，通过新建、扩建和改建，将实训基地做大做强，形成规模，成为开放性的区域实训基地。

3. 成立产教融合型实训基地共建工作委员会

地方院校产教融合型实训基地规范有序高效运行，成立协调和管理实训基地工作委员会，通过制定章程或签订协议赋予和保障委员会的法律地位，是改变实训基地管理水平不高、校企合作不紧的现实需要。第一，委员会成员应该由政府部门有关领导、参与产教融合型实训基地建设的职业院校及行业、企业的负责人组成，下设秘书处，由各地方院校分管领导担任秘书长，秘书处每年由各成员单位轮流担任；第二，制定与完善促进产教融合型实训基地建设的运行管理机制，起草审议《产教融合型实训基地管理暂行办法》《实训基地管理规章制度》《实训基地仪器设备管理制度》《实训基地安全管理条例》等有关制度，组织和指导地方院校产教融合型实训基地的管理工作，使实训基地建设与管理工作有条不紊；第三，对参加产教融合型实训基地的地方院校及专业设置情况实施调研，了解院校的详细情况，同时对参与实训基地建设的企业进行调研，明确企业对人才培养的需求。在此基础上，基于相关院校和企业，积极开展实训基地建设标准、专业设置标准、课程体系标准、实训教材标准等方面的研究与制定工作，为提升参与建设地方院校和企业核心竞争力助一臂之力；第四，讨论、协调产教融合型实训基地建设中出现的重大问题，维护实训基地有效运转，并做好新成员的吸收工作；第五，做好地方院校产教融合型实训基地教学质量评价和教学质量监控信息反馈，不断改进实训基地的管理工作，促进实训基地建设的规范化、科学化、效能化。

二、彰显产教融合型实训基地高等性

（一）明确人才培养的目标定位

《国务院关于印发国家职业教育改革实施方案的通知》（国发〔2019〕4 号）提出，牢固树立新发展理念，服务建设现代化经济体系和实现更高质量更充分就业需要，对接科技发展趋势和市场需求，完善职业教育和培训体系，优化学校、专业布局，深化办学体制改革和育人机制改革，以促进就业和适应产业发展需求为导向，鼓励和支持社会各界特别是企业积极支持职业教育，着力培养高素质劳动者和技术技能人才。

我国以劳动力价格低廉的优势占领了国际代工市场，成为制造业大国。但是，我国大多数产业技术水平低，缺乏自己的核心技术。这个阶段所需要的劳动力也主要是低端技能人才和农民工，因此职业教育也只是低层次的发展。当前，我们面临着新一轮的产业升级和从“中国制造”向“中国创造”的转变，技能型人才的短缺更多地表现为高素质技术技能人才的短缺，特别是在制造、医疗卫生、服务、建筑、能源等传统产业和电子信息、航空航天、新能源汽车等高新技术产业方面，高素质技术技能人才的缺乏，已成为阻碍产业升级、制约经济社会发展的短板，所以培养大量的高素质技术技能人才迫在眉睫。因此，产教融合型实训基地要将培养高素质技术技能人才作为基地的人才培养目标，以更好地满足社会对高素质技术技能人才的需求。

培养高素质劳动者和技术技能人才是实训基地的目标。要实现这个培养目标，要求学校要具备以下的培养能力和条件：

1. 雄厚的师资力量

基地为适应培养高素质技术技能人才的需要，围绕提高教师理论教学、实践指导、科技开发、社会服务和创新创业教育五种能力为中心，以提升教师“双师”素质、优化教学团队“双师”结构为重点，建立“内培外引、校企互聘、联合培养、共同管理”的教师培养机制，完善教师激励机制和考核评价体系，大力培养“德厚、识博、技熟”的专业教师，逐步建成一支理论水平高、实践能力强、结构合理、师德高尚的“双师型”专业教学团队。

2. 完善的教学条件

适应高素质技术技能人才培养，基地应加大实验实训条件建设力度，包括设备购置、实验实训室建设等。同时，充分利用实验实训室，加强实验实训室管理，允许并鼓励面向学生开放实验实训室。提升基地教育信息化水平，重点加强信息化基础设施建设、数字化信息资源开发和教育管理信息系统应用，大力开发数字化教学资源，推进现代化教学手段和方法改革，开发虚拟实训，搭建校企互动信息化教学平台，推进职业教育政务信息化，建立健全职业教育服务与监管综合信息系统。

3. 完备的实训基地

实训基地应既突出强调学生专业技能，注重学生动手实践能力、实际操作能力，又强调学生的职业素养、学习能力、创新意识等。高素质技术技能人才不是由学校培养出来的，而是在生产劳动过程中不断锻炼提升才能达到的。实训基地的作用就是传授给学生成为高素质技术技能人才所必需知识的同时，培养学生必需的职业素质，树立必需的职业意识。

（二）强化人才培养的职业素养

职业素质，是指劳动者对职业了解与适应能力的一种综合体现，主要分为专业素质和基本素质。其中，专业素质是指从事一个行业所必需的素质，包括职业技能和职业意识；基本素质是指参加工作，不论行业种类都需要的素质，包括职业道德和身心品质。

职业技能与职业意识是职业素质的核心，而职业道德和身心品质对于职业技能和职业意识的形成有着十分重要的作用，将四者有机统一，才能形成职业素质。所以，实训基地对高端技术技能型人才的职业素质培养应当涵盖职业意识、职业技能、职业道德和身心品质。

在课堂教学方面，实训基地及时了解行业最新的科研成果，密切关注行业的发展趋势，同时了解企业的用人需求，根据教学大纲和这些行业的最新信息，调整课堂的教学，做到学科性、专业性、职业性的统一，最大限度地促进学生素质和能力的提高，让学生认识到自己应具备的职业素质，满足学生就业与发展的需要，培养学生成为具备综合职业素质的技术技能型人才。同时，将职业基本素质教育融入专业课教学中，职业基本素质的形成需要长时间持续地培养，课堂中渗透职业道德方面的教育，使学生树立正确的世界观、人生观、价值观以及职业观，课堂应采用多种形式的教学方式，如自编自导自演的情景剧、小组 PPT 展示等以调动学生学习和参与的积极性，加强课堂教学管理，强调出勤率、着装、语言、行为，并与课程成绩挂钩。良好的课堂管理，不仅能提高学生的听课质量，增强课堂教学效果，而且有助于学生职业基本素质的养成。

建立班级考核制度，形成班级与班级之间的竞争，产生压力并转化为动力，调动积极性，促进班级成员互相监督，形成良好的班级学习氛围和团队意识。同时建立学生的考核制度，采用德育学分制，考查学生的学习成绩和道德素质，将德育量化成学分制，使德育目标详细化，将口头说教变成行为教育，有利于学生自我约束和自我管理的形成，使学生掌握做人的基本原则，养成文明的行为习惯。

开展各式各样的竞赛活动。知识竞赛可以加强学生在课堂上的学习所得，强化理论认知；技能竞赛可以加强学生的实践操作能力；体育竞赛可以加强学生团队意识，促使学生敢于挑战自我，勇于拼搏；演讲比赛可以锻炼学生胆量和表达能力；志愿服务，学生可以在服务中学到许多课堂上没有的知识，不仅锻炼了协调与沟通能力，更重要的是增强了学生的爱心、服务意识和社会责任感，有利于学生道德品质的形成；举办讲座，邀请企业高层、行业专家、优秀毕业生来校做讲座，可以让学生了解行业最新的形势，全方位加强学生对职业素质的认识。

鼓励学生企业顶岗实习。学生实习前要培训，重点安排就业形势分析等相关法律政策解读、创业与就业指导报告、实习纪律、安全教育、个人简历撰写、应聘礼仪、模拟招聘、企业用工要求等内容，让学生为实习做足准备，企业顶岗实习可以让学生熟悉就业工作流程、掌握求职面试技巧和企业工作流程，并在实习过程中树立正确的职业理想和“先就业、后择业，先生存、后发展”的就业观念，以充足的准备找到理想的用人企业。

（三）建立健全基地文化体系

实训基地的文化建设是实训基地内涵建设的重要内容。实训基地文化建设创新，就是要以实训基地为载体，实现企业文化与校园文化在实训基地的有机对接与融合，就是突出实训基地校园文化的“企业化”特质，凸显实训基地企业文化的“高职化”特色，将企业精神、企业形象、企业制度、企业行为融入学校精神文化、学校物质文化、学校制度文化、学校行为文化中，对深化地方院校实训基地建设、提升地方院校办学核心竞争力、实现学生毕业从学校到企业的零距离过渡，具有重要且深远的意义。

文化建设是一个由管理层精心设计、积极推进，全基地师生在教育教学实践中共同遵守贯彻执行的过程，是一个循序渐进养成和实践的过程，最终体现为全基地师生员工的自觉行为。基地管理者应站在基地发展战略的高度，以行业劳动力需求为导向，兼顾行业特色，结合区域文化特色，融合时代精神，立足创新，对基地文化建设进行总体规划、系统设计和组织实施，并相应进行体制和管理创新，形成科学的办学理念、办学思路、价值观念和行为规范，并身体力行，为师生起到示范作用，对师生员工进行观念更新，多方位推进基地文化建设。

加强在教师群体中文化理念的宣传贯彻，再通过教师将基地文化灌输到学生思想中，通过教学院部向教师宣传基地文化理念，院部要定期召开专题会议讲解、宣传基地文化，并要求教师在平时授课时有意识地把教学内容和基地文化结合起来，经常在课堂上传播基地文化，让学生处在浓郁的基地文化中，时刻接受基地文化的熏陶，强化基地文化在学生意识中的印象，最终基地文化将指引和影响学生的行为处事习惯。

充分发挥学生社团的作用。基地教师要通过讲座、会议等形式把基地文化理念传播给学生社团的骨干人员，然后再通过他们传播给社团的其他成员。学校要积极组织社团开展宣传基地文化理念的各种活动。如基地文化知识竞赛、演讲比赛、书画展等，让社团通过学生喜闻乐见的形式把基地文化理念传达给学生，以上方法可以把基地文化由点到面地在学生中传播开来，并逐渐使基地文化理念内化到学生的思想意识中去。

基地环境也是彰显基地文化的重要部分。基地环境布置应从职业教育需要的角度科学规划，注重物质文化与精神文化相结合，体现基地成员的价值取向、精神追求，基地环境布置应结合自身特质，彰显人文关怀，成为具有一定企业价值观的物质载体，如基地内的各种雕塑、壁画、宣传设施、视觉媒体等环境布局和设置应与职业信息紧密相关，形成具有职业特色的文化艺术景观；基地内的楼、路、灯、教室等可以用行业企业及人名命名；在楼宇等建筑物氛围营造上，不仅应有名人画像、格言警句、办学思想，更应有职业说明、职业定位、职业风采、职业岗位要求、职业需求信息、行业与专业发展趋势、业内成功人士资料等；基地文化具有历史传承性，可通过设置校史陈列室、荣誉室等增强师生对基地文化的认同感和自豪感，从而增强凝聚力和向心力。

提高基地文化和企业文化的结合度，基地的人才培养目标要求基地教育要面向社会、适应市场，以企业需求为导向。可以让学生到基地共建企业去顶岗实习，以企业的规章制度来要求学生，使学生亲身体验到作为一个企业员工的真正感受，让学生接受企业文化的熏陶，强化企业文化意识，具有企业的组织群体意识、归属感和认同感，使学生的专业技能、职业意识等到毕业之际基本能够满足企业的要求，为学生今后走上工作岗位奠定基础，实现基地教学与就业市场的零距离对接。

（四）提升基地教学科研实力

产教融合型实训基地作为职业教育的重要载体和平台，要将教学和科研作为主要的发展方向，采取教学与科研相结合的方针，大力开展技术应用研究，提高技术创新水平，再把研究成果引入教学内容中，提高教学质量。

一是加强队伍建设，培养造就一批有较高科研水平的学科带头人及科研骨干，依据国家政策支持技术技能人才凭技能提升待遇，鼓励企业职务职级晋升和工资分配向紧缺急需的高层次、高技能人才倾斜。建立国家技术技能大师库，鼓励技术技能大师建立工作室，并按规定给予政策和资金支持，鼓励技术技能大师到职业院校担任兼职教师，参与国家重大工程项目联合攻关。同时，不断完善各种激励措施，以便充分调动职业院校教师从事科研的积极性，可以通过完善技术职称的评聘工作、改革奖酬金发放办法，将职称评聘、奖酬金与科研工作相挂钩，激励职业院校教师从事科研工作。

二是引进新型实验仪器和实训设备，建设基础设施。巧妇难为无米之炊，没有实验实训设备，要进行科研活动只能是空谈。基地可以从事业费中安排经费用于仪器设备的购置，同时也可以从科研经费及科研项目完成后的结余经费中提取一定的比例用于仪器设备购置，此外科研成果转让也是一笔不小的经费来源。总之，基地应通过多种渠道筹措资金，更新仪器设备，保证教学科研工作的正常进行。

三是建立信息网络系统，做好信息交流工作，科技信息交流是研究活动的组成部分，它贯穿于科学研究工作的始终。在现代科学技术飞速发展、日新月异的今天，没有科技信息交流，选题就会盲目，就会出现低水平重复，进度就会缓慢，成果就不可能是高水平的。加速建立快速、灵敏的信息网络系统，加强科技信息交流，对于基地及时准确地调整和把握学科发展方向、选准主攻目标、加速科研工作的进展、减少低水平重复、提高科研工作的效益具有十分重要的意义。所以，实训基地要从多方面筹措资金，建立与国内外科研信息资源连接的信息网络系统，使基地能随时获取最新的信息。

四是科研实力的提升带动教学质量的提升。科研实力强的机构一般来说影响力、声望更大，而声望大的学校更容易聚集相关资源，可以邀请到更多的知名专家和行业领军人才来给学生开设讲座，可以为学生提供更好的实验设备，可以利用自身在行业的影响力举办各种国家级、省级层面的大赛，可以提供给学生重要的社会活动、多样的社会实习机会、良好的实验实训和图书资料等资源来提高学生素质。同样，科研实力提升也有助于打造高水平科研平台，从而吸引更为优秀的教师和人才，这些都是科研实力的提升而带来的教学质量的提升。

五是理论联系实际，加强实践教学。学生仅靠课堂内容不能提高自身综合水平，要积极开拓、主动投身于生产劳动才是逐步走向社会的关键所在，基地要为学生提供更为广阔的实际运用的机会，鼓励学生参加学校各种科技创新、挑战杯、“互联网＋”等活动。教师要积极联系学生，鼓励学生参加科研项目，为学生提供参与科研项目的机会。让学生打好理论基础，并在此基础上积极探究，利用年轻人独特的视角进行开发创造，在各项活动中找到自我发展成长成才的道路。

三、强化产教融合型实训基地职业性

（一）系统优化人才培养方案

培养技术技能人才是地方院校的根本任务，历史使命决定了高等职业教育应当根据区域经济发展的人才需求，不断调整和优化专业结构，深化教育教学改革，创新人才培养模式，努力培养学生的创新精神、创新意识和创新能力，为国家实施创新发展战略夯实人才基础。地方院校应主动以建设区域开放产教融合型实训基地为契机，结合区域主导产业或支柱产业人才培养需求，与合作企业一同制订实践教学方案，探索实施课程及学分认证、师资共享、实训教学内容共同开发等方面的改革。推行任务驱动、项目导向等“教学做”一体的教学模式，达成合作共赢的目的，在设置系统的人才培养方案过程中我们要遵循下面两个原则：

一是与专业群建设相结合，搭建专业共享平台，整合实践教学资源，建设面向专业群的实训基地是专业群建设的主要任务。区域开放产教融合型实训基地的建设必须服务专业群发展，依据工学结合人才培养模式三个核心要求（顶岗实习、专业课程做中学、“1＋x”证书制度等）系统设计专业实践教学体系，增强实践教学体系的开放性与共享性，探索职业素质能力、岗位实践能力、专业核心能力综合培养模式及跨专业群多层次综合实践教学平台建设模式，实现职业教育各层次共享；以区域、行业企业为依托，拓展实践教学模式，根据专业群各专业的实践教学要求，细化岗位设置，满足中高职和本科实践教学的不同需求，满足专业群内学生共性的实践训练需要与专门化的、个性化的技能提升训练要求。

二是与创新教育相结合，提升学生创新能力。地方院校要充分利用区域开放产教融合型实训基地的优质资源，助推学校创新教育朝更高层次发展。实训基地中真实职场氛围的营造、创新文化的融入、生产性实训和顶岗实习的实施以及教学过程和生产、科研、经营实际有机融合、“教学做”一体的教学模式等，对学生创新意识的渗透、创新思维的拓展起到了极大的助推作用，也为学生职业素质养成提供系统训练。通过实训基地开展的各级职业技能大赛、大学生实践创新训练计划等创新实践活动与创新教育课程教学的有机融合，针对性地选择综合性技术岗位，为共享学校的学生提供部分实践岗位，使学生的技术应用和创新能力得到充分锻炼和提升。

在具体实施细节方面，基地需要以企业需求为导向，以职业标准为依据，以培养高素质技术技能型人才为目标，进行课程设计。基地需要及时了解社会所需岗位人才的种类，从而对专业的设置以及教学内容做出调整。学生的职业生涯发展是实现学生自身发展和企业发展需要的结合点，基地专业人才培养方案的开发应使学生获得与企业发展需要相一致的职业知识、职业技能和职业态度，并为学生的职业生涯规划和可持续发展奠定坚实基础，拓展更加宽广的成长空间。具体实施主要从以下四个方面进行：

1. 理论教学

基地的理论教学特别强调理论要为实践服务，以指导实践，提高技术应用能力为目的，促进学生用科学的技术理论指导实践和实践操作，专业学习领域课程以任务驱动型课程为主体，课程实施主要按照工作流程或技能提升的逻辑顺序来展开，从与学生生活密切相关的、具体的、范围较窄的工作任务切入，使学生在校期间熟悉工作岗位所需的工作对象、工作内容、工作手段、劳动组织、工作环境、工作过程。基于此，课程体系应对理论教学进行大胆改革和重组，取消与专业实际技能培养关系不大、理论性过强的课程，对一些与专业相关的课程进行内容的调整与合并，增设反映新技术的技能课程和过程性课程。

2. 身心素质教育

一名合格的毕业生不仅需要掌握基本专业技能，更需要良好的身心素质，因此，身心素质教育就是实训基地人才培养方案重要的组成部分。开设公共文化学习领域课程，培养学生的社会共同信念和情感，使学生树立正确的世界观、人生观、价值观和职业观；加强人文素养，树立法制观念，使学生成为适应现代社会的身心健康、遵纪守法的合格公民。通过公共文化课的学习，有利于学生心理素质的提升。开设种类丰富的体育课程，除篮球、羽毛球、排球、乒乓球等传统体育课程，还可以开设足球、游泳、网球、武术、舞蹈等较少见的课程让学生有自由选择的余地，可以选择自己喜欢适合的体育课程参加。同时设立身体素质测试，作为引导学生进行身体锻炼的有效抓手。

3. 实践教学

落实“以学生为主体”这一理念的关键是参与，给学生提供自学的机会、动手的机会、表达的机会、创新的机会。培养学生的动手能力是基地课程的重要目标，因此，基地课程体系不应当仅是知识的体系，它不仅要包含知识点，更多的内容应该是技能项，是技术知识体系，是经过动手操作才能理解和掌握的内容。实践课程内容有利于学生将学到的知识、技术运用到实际中去，这对于基地学生来讲是至关重要的。因此，实践性强的、操作性强的课程科目应当占课程体系的主要部分，并使课程体系的结构有利于教学过程从以课堂讲授为主转变到以实验、操作为主的方式上来，通过校内外实习实训基地，让学生能在更多更好的实践环境、动手环境中完成课程学习。

4. 企业顶岗实习

将企业顶岗实习作为基地人才培养方案最后一部分，在经历了实训基地的理论、身心素质、基本实践操作培训后，到基地共建企业顶岗实习是学生正式工作的最后一步准备。企业顶岗实习可以让学生熟悉就业工作流程，掌握求职面试技巧和企业工作流程，并在实习过程中树立正确的职业理想和“先就业、后择业，先生存、后发展”的就业观念，找到理想的用人企业。

（二）设置系统培养课程体系

课程设置一般指各级各类学校开设的教学科目和各科的教学时数，简单地说，课程指在某一学习阶段，按照某种顺序展开的“教”和“学”内容的全部，即有计划地、系统地学习内容，高等职业教育课程设置是基地培养高素质技术技能人才的总体规划，它把为达到培养目标所要求的教学科目及其目的、内容、进度和实现方式等在总体规划中全部体现出来。

当今社会科学技术的迅速发展，劳动组织形式的急剧变革，使得原有的学科与行业之间的界限被打破，产生了许多复合型、技术含量相对较高的新岗位。基地要了解当前行业的基本情况，从实际出发，根据企业需求进行课程设置，使学生获得与企业发展需要相一致的职业知识、职业技能和职业态度，立足现实的同时要面向未来。当今社会发展迅速，各个行业日新月异，现在热门的工作，可能在几年后就会消失不见。因而，基地要动态掌握行业发展方向，在课程设置时应考虑未来社会的需求和学生可持续发展的需求，注重培养学生的学习能力、创新能力、创业能力。

根据课程内容的专业性强弱，可以将课程分为专业核心课程和非专业核心课程。

专业核心课程，是指以本专业基本活动为主题而编制的课程系统。专业核心课程可分为专业知识课程和专业技能课程。其内容是按照职业群共有的基础技术和基本技能整合而成，作为教学和实训的中心内容，并在时间上、师资上予以优先保证。

专业知识课程，覆盖该专业对应职业岗位群需要的最基本、最主要的知识和技术，教学上侧重于技术原理、技术方法的讲授。每个专业设立 6 至 8 门核心专业知识课程，保证学生有足够的时间和条件学好这些课程，掌握本专业必备的知识和技术，确保学生有一技之长。专业知识课程要特别强调理论为实践服务，以指导实践，提高技术应用能力为目的，以“必须、够用”为原则，学生的科学技术理论知识是实践操作的基础。

专业技能课程，这类实践性强的、操作性强的专业技能课程将是最为主要的课程类型，专业技能课程是强化培养学生的动手能力、操作技能的课程，重在职业基本技能。这一类型的课程强调职训、实训、实验、上机等实用性操作训练，以满足第一线应用技术人才的实际需要。

非专业核心课程，主要是为学生提供必备的科学、人文等方面的基础知识以及学生身心素质的提升，可分为基础必修课程和选修课。

基础必修课程，主要包括高数、大学英语、计算机基础、中国近代史、毛泽东思想与中国特色社会主义、思想道德修养与法律基础、体育等课程。基础必修课程是指为学生继续学习提供基础知识与基本理论，培养学生基本能力与基本素质而设计安排的。如高数、大学英语、计算机基础、中国近代史等课程使学生掌握最基本的科学人文知识；毛泽东思想与中国特色社会主义、思想道德修养与法律基础等课程对于学生树立正确的世界观、人生观、价值观有重要作用，进而加强自身的行为修养，树立正确的择业观；体育课则可以提升学生的身体素质。

选修课，以人文课程为主，兼有科技、管理、文体类等课程，例如行为礼仪、沟通技巧与写作、心理学、艺术鉴赏等，开拓学生知识面，为学生多方面个性发展提供帮助。同时，允许学生选择其他专业的核心课程，让学生对不同的专业都有所了解，建立对其他专业的兴趣。

（三）搭建优势人才实训情境

为了培养出符合市场需求、适应企业环境的高素质技术技能人才，采用“工学结合”

培养模式，基地要搭建优势人才实训情境以完成培养目标。

实训首先要满足真实性。实训使用的设备与企业的设备需保持一致，实训的过程与生产过程一致，实训室具备产品生产的功能。同时，实训必须引入企业真实的工作情境、文化氛围和管理模式，按照生产的工序流程来布置。使实训尽可能贴近生产、技术、管理、服务第一线，努力体现真实的职业环境，让学生在一个真实的职业环境下按照未来专业岗位群对基本技术技能的要求，得到实际操作训练和综合素质的培养。

其次是先进性。实训项目需要紧跟行业发展前沿，体现新技术、新工艺，瞄准实际操作人才缺乏的高技术含量和新技术行业的职业岗位，在技术要求上要具有专业领域的先进性。使学生在实训过程中学到和掌握本专业领域先进的技术路线、工艺流程和技术实际应用的本领；使基地投入具有前瞻性、持久性。

最后是效益性。效益是任何一个项目开始前都要考虑的最为现实的问题。实训项目同样如此，实训需要尽可能使所建设的实训基地适用性强，能进行多学科的综合实训，相关专业尽可能通用，充分利用有限资源，最大限度地节约资金。同时，不仅为校内学生提供基本技能实训场所，而且为社会提供多方位服务，产生社会效益。

搭建优势人才实训情境需要整合现有资源，优化运行机制。职业教育要求理论教学以适用、实用、够用为度；实践教学则应当遵循由简单到复杂、由熟悉到熟练的循序渐进的过程。这一教学过程需在真实的职业环境中，需要大量的资金投入。因此，考虑到项目的经济性，我们在实训基地设备的选型与购置中，既要考虑经济建设对实用型人才的需求，构建真实或仿真的职业环境，又要注意控制实训成本。

此外，为了更充分合理地利用现有资源，可以通过对原有的实训场地重新规划、改造、归并，与新建实训项目进行有效的资源整合和优化配置，实现基地与基地之间的资源共享。通过有效地整合资源、优化资源配置、完善硬件建设配套、建立更为健全的管理体系，可以增强综合实训能力，并降低实训成本。

（四）全面提高人才就业情况

就业情况包括就业数量和就业质量两方面，其中就业数量可以用就业率来衡量，而就业质量衡量指标较多，包括专业对口率、薪酬水平、毕业生就业满意度、用人单位满意度、职业稳定性、社会保险待遇水平、职业适应度、职业发展信心、职业发展空间等因素。

近年来，很多地方院校开始高度重视毕业生就业工作，坚持贯彻以就业为导向，以服务为宗旨，培养面向生产、管理、服务第一线技术技能人才的办学方针，有效调整毕业生就业策略，就业工作不断创新，使许多院校的毕业生一次性就业率都在90%以上，但就业质量却不容乐观，主要表现在：一是就业机会不均。当前高职生就业空间不断缩小，就业机会相对偏少，专科层次学生就业受歧视现象仍很明显，相近的能力，事业单位、企业会选择本科生。二是就业不稳定。地方院校毕业生毕业半年内的离职率高，反映出其就业存在高度的不稳定性。三是工作满意度低。工作满意度受到专业对口性、工作稳定性、劳资关系和谐性、职业发展前景、福利和社会保障等因素的影响，报酬低、劳动强度高、同事关系紧张等原因使毕业生对工作不满意。

基地毕业生就业情况是衡量基地人才培养质量的重要指标，基地 方面要积极提高毕业生就业率，另一方面必须在提高就业质量上下功夫，即在毕业生充分就业的基础上努力提高就业质量。基地可以采取以下方法。

1. 专业适应市场

地方院校的专业设置直接关系高职生就业机会。专业教育要紧密结合市场发展需求，特别是地方经济产业的发展需求。行业企业对专业人才的需求状况是地方院校专业结构调整的重要依据，依据人才市场的需求变化对专业结构进行优化是地方院校毕业生就业率和就业质量提升的保证。地方院校要根据地方经济和社会发展需要，围绕人才培养目标，深入开展研讨式专业剖析，明确专业建设目标与方向，及时调整专业方向，使专业结构日趋合理，目标岗位更好对应职业岗位。在专业课程设置中，与市场需求接轨的同时，应全面、科学地制定教学内容。在教学的各个环节，不断根据市场需求，加强专业能力、适应能力和求职能力的培养，缩小用人单位和毕业生之间的认知差距，提升地方院校毕业生就业层次与能力。

2. 进行职业规划教育

地方院校要加强对高职生职业生涯规划教育与就业指导。对学生进行系统的职业指导、职业教育和职业干预，使学生树立正确的职业情感和态度、职业价值观、职业忠诚度。同时，采取有效的措施和策略，帮助高职学生提高职业认知和职业能力水平，尽早对将来做好打算，为毕业后提升就业能力与就业质量夯实基础。

3. 建立就业服务体系

地方院校还要强化就业服务意识，树立以学生和用人单位为中心的理念，积极为高职生就业搭建完善的信息平台，要加强与企业的联系并建立长期的合作关系。一是要积极开展就业工作研究，提高对就业形势的研判能力和指导能力；二是要加大资源投入，形成一个涵盖就业指导、毕业生推荐、就业信息发布、企业招聘服务、就业手续办理等的全方位就业服务体系；三是要密切与相关行业协会的合作关系，形成专业负责人联系行业协会制度，依托行业协会组织招聘会，拓宽毕业生就业渠道。

四、强化产教融合型实训基地实践性

（一）树立明确教学目标

实现教学最优化的第一位工作，就是制定恰当的教学目标或教学任务。教学目标是师生从事一切教学活动的指针，是选择教学内容和教学方法的依据，也是衡量教学成败的标准，一般说来，教学目标包括以下几个方面：一是使学生掌握系统的文化科学知识和基本技能；二是培养学生良好的世界观和道德、审美、劳动等观念及相应的行为方式；三是使学生的身心得到健康发展。因此，我们在教学中，就应根据这三个方面制定具体而明确的教学目标，只有教学目标明确了，才便于把握、操作、落实和检查。在大力提倡素质教育的今天，明确而有针对性的教学目标是提高教学效率的关键。

高等职业教育的培养目标是高素质技术技能人才，需要毕业生能尽快融入企业参加工作，因此实际操作能力是高职毕业生必不可少的能力。而实际操作能力需要学校通过实践性教学来培养，因此实践性教学是高等职业技术教育的重要环节，贯穿整个教学过程中，突出实践性教学是高职教育的特色。实践能力的培养包括校内实验室教学和企业顶岗实习两个方面。

1. 实验室教学

首先，建立一支具有现代教育理念、教学能力强、熟悉生产领域、掌握过硬技术的高素质实践教学师资队伍。学校要注重“双师型”素质教师的培养与引进，可以让教师到企业为员工进行专业培训或到企业实际操作，使他们更加了解社会需求以及如何培养学生的实际操作能力。同时，聘请企事业单位的专家、有工作经验的人员以及实践基地有丰富经验的技术骨干作为兼职实习、实训指导教师，组建一支以“专职为主、专兼结合”的实践教学师资队伍。加强实验室建设，通过学校投入和校企共建等方式，不断改善校内实验条件，大力整合现有资源，优化管理，扎扎实实地建设好各专业的实验室、实训室、实训工厂等。此外，积极拓展实验室创建渠道，鼓励社会资源通过投资、参股等方式参与建设，共创产学研合作教育基地。同时，加强实验室、实训基地的科学管理，实现资源共享，允许并鼓励学生课后使用实验室，将实验室资源向社会、企业开放，提高资源的使用效率，重视校外实习、实训基地建设，按照互惠互利的原则，建立一批相对稳定的校外实习基地。

2. 校外顶岗实习

顶岗实习工作是学生步入社会前的一次职前锻炼，起到承接作用，也是教育部对职业院校学生的基本要求，是理实一体化教学实施的载体，对促进学生就业有积极作用的同时，顶岗实习也是一个非常好的培养学生职业基本素质的机会。实习前培训要安排就业形势分析、相关法律政策解读、创业与就业指导报告、实习纪律、安全教育、个人简历撰写、应聘礼仪、模拟招聘、企业用工要求等内容，让学生为实习做足准备。在学生顶岗实习期间，一定要加强学生职业基本素质的培养，学校要配备相关指导教师，及时对学生进行教育和引导。学生最初步入顶岗实习的岗位时会有很多不适应，感觉工作很辛苦，倒班的时间差调整不过来，企业管理严苛约束较多等。该时期指导教师一定要做好学生的思想疏导工作，使学生尽快适应企业的工作和生活。在顶岗实习中要加强安全教育，通过安全教育强化学生的责任意识、敬业意识和组织纪律观念。企业顶岗实习可以让学生熟悉就业工作流程、掌握求职面试技巧和企业工作流程，并在实习过程中树立正确的职业理想和“先就业、后择业，先生存、后发展”的就业观念，以充足的准备找到理想的用人企业。

（二）大力提升教学条件

地方院校要培养适应行业企业需要的高素质技术技能人才，就必须建立满足培养学生综合职业能力所需的真实的或仿真的实践教学条件，尤其是校内的生产性环境能使学生在真实的职业环境中以准员工的身份参与生产过程，并在完成生产任务时完成学习内容，同时完成生产产品和学习两项任务。实践教学要深度融入行业要素、企业要素与职业要素，使学生在做中学、在学中练，为工学结合人才培养模式的实施提供保障。

1. 加强硬件资源建设

增加投入，充分整合校内实验实训资源，建立校内实验实训室。学校要根据各专业人才职业能力培养需要，按照核心课程职业能力项目实训要求，整合校内原有的实验室、实训室、多功能教室等现有资源，加大实验实训条件改造投入的力度，彻底改造和整合传统的实验室，添加必要的实训设备，并在原有实训基地的基础上增加生产性功能，满足学生生产性实训和综合职业能力培养的需要。

2. 与相关院校建立合作关系

校际合作可以使学校充分利用不同院校先进的设备、先进实训教学模式、优秀实训指导教师等优质资源。校校合作，不仅解决了学校实训场所建设上所存在的诸多问题，同时也提高了实训场所的使用率，使优质资源得以最大限度地发挥效益，虽然实训场所不为学校所有，却能被不同院校充分利用，从而实现了双赢的局面。

3. 依托行业，建立校企合作

通过联系满足要求且有实力、有长远发展眼光的企业，争取企业支持，引企业进校园，由校方提供厂房和配套设施，企业提供无偿或优惠的实训设备材料及生产技术，建立生产性实验室。学生以员工身份参与生产全过程，使学生在做中学、在学中练，全方位培养学生的职业能力、职业态度和综合素质。除此之外，企业还可以提供顶岗实习的机会，学生参加顶岗实习的企业就是最真实的实训场所，在这里学生可以熟悉企业工作流程、企业规章制度、企业文化，为之后的就业打下坚实的基础。

4. 采用现代化的管理手段

改变传统的管理模式，依托校内相关专业，开发出一套适合学校实训基地计算机网络化管理的软件。重点加强信息化基础设施建设、数字化信息资源开发和教育管理信息系统应用，大力开发数字化教学资源，推进现代化教学手段和方法改革。要建立完善的实验实训设备资产管理信息系统，实现设备资产管理信息的开放式、网络化。搭建校企互动信息化教学平台，加强校企联系，学校领导及实习主管部门要定期深入校外实训基地研究实训方案，联络感情，解决问题。建立健全职业教育服务与监管综合信息系统，重点跟踪督促各专业建设紧密联系的合作企业，建立管理档案，规范学生的校外实训活动，保证校外实训取得实效。

5. 提升师资力量

通过已经建立的校企合作，学校可以安排教师到企业生产车间学习参观，增强教师对实际生产流程的了解；到研发部门参观，可以使教师了解行业生产技术前沿。同时可以邀请企业有经验的技术人员作为兼职教师，为学生讲解、演示实际生产操作流程，以此来提升师资水平。学校要充分利用上级教育部门的师资培训政策，选派专任教师去教育主管部门在企业建立的师资培训基地提高实践能力，选派兼职教师去学校师资培训基地提高教育教学能力。

（三）全面优化“双师”结构

教师是育人的主体，只有不断强化基地教师职业素养，改革教学的师资结构，才能提高实践育人能力。

教师是地方院校实训基地的重要组成部分，高素质的教师是对高等职业教育实践性的有效诠释，能够高效地完成教学任务，科学合理地帮助学生获得职业技能，增强学生理论到实践的转换能力，从而具备较强的职业迁移能力。“双师型”教师结构在高技能人才培养过程中的作用举足轻重，建设与培养实训基地的“双师型”教师队伍是实践教学的必要手段。通过聘请具有实际工作经验的企业教师，能够简化学生获得实践能力的过程，缩短学校学习与工作生产间的距离，使学生具有更强的适应能力，提高用人单位的满意度。

地方院校为建设“双师”队伍应积极采取有效的措施，不以学历为唯一的判定标准，吸收聘用专业技术人员或经验丰富的专家、产业教授。此外，地方院校还可以派遣本校教师参加正规业务的学习和培训，提高教师自身的实践能力，有计划地建立一套集科研、教育、生产和运作于一体的实训基地，开展校企合作教育。

1. 大力促进专职指导教师“走出去”

此项工作的完成需要政府和实训基地通力合作，任何一方都不能独立完成此项任务，政府应大力促进实训基地专职实训指导教师“走出去”，实现专职实训指导教师在地区层面的共享共用。政府应打破现有的实训基地人事壁垒，淡化实训教师“单位人”的属性，积极制定相关政策和法规，允许教师在基地完成既定实训任务后，结合自身实际情况，到其他实训基地承担兼职实训指导教师工作。为此，政府应设立兼职实训指导教师专项资金，并拨付给基地，由基地自行负责制订专职实训指导教师实训计划，筛选一批实践能力强的专职实训指导教师，由政府教育主管部门授予其“兼职实训指导教师”称号，并派遣这部分教师到其他实训基地承担兼职实训工作。基地应通过促进专职实训指导教师参加课题研究、下企业锻炼等方式加强其实践能力训练，使其能胜任不同实训基地不同类型的实训任务。

2. 积极开展兼职指导教师“引进来”

政府应合理放宽兼职教师的引入条件，不以学历、年龄、职称、工作年限等因素限制一批优秀的实践技能人才进入实训基地。基地应通过社会公开招聘的方式，聘请生产、管理、服务一线的企业专家、技术能手等担任实训基地兼职实训指导教师，基地应对应聘者进行严格的资格审查，审查内容包括实践操作水平和教学能力，并对审查通过的对象组织统一的培训和考核，考核合格者由实训基地颁发聘用证书，取得实训基地兼职实训指导教师准入资质，基地还应专门建立兼职教师管理部门，对兼职教师的教学安排、工作任务等做出相关部署，并协助解决兼职教师在工作中遇到的问题与困难。基地应特别建立兼职教师薪资待遇管理办法，对兼职教师的薪酬支付问题、课时计算问题、编制问题、职称评聘问题等做出明确说明，提高兼职教师的工资待遇水平，拓宽兼职教师的成长渠道。

3. 灵活建立实训基地共享实训师资库

实训基地应基于互联网的视角，整合基地专职实训指导教师和兼职实训指导教师的师资资源，共同建立组织灵活、弹性强的实训基地共享师资库。师资库不仅是教师的管理机构，也是师资资源的综合调度部门，专门负责实训教师的综合调度、档案管理、工资支付等。首先，师资库的建设应建立弹性化的师资规模制度。根据不同阶段的实训需求，灵活弹性地把控实训教师的数量规模，避免因培训需求的多寡而产生实训师资紧缺或者浪费的问题，一旦某个实训项目亟须实训教师，就立即启用师资聘用程序，从师资库中调取、聘用合适的教师，由聘用教师者支付教师课时费；其次，师资库应成立专门的组织管理部门，该部门负责为师资库中的每一位教师建立电子业务档案，对教师实施动态信息化管理，师资库应制定并实施实训教师认证制度，能够进入师资库的教师都必须经过严格的认证，对师资库内已经认证过的教师实施动态信息化跟踪管理，努力提高师资库师资质量；最后，师资库根据每位教师实际的工作量、绩效水平，经过科学计算后，核算出每位教师实际应得的报酬，并委托财务部门负责发放。

4. 对教师建立科学的考核考评机制，激发教师工作积极性

实训基地要建立兼职实训指导教师考核考评小组，制定实训基地教师考核考评管理办法，通过定期与不定期的听课、检查，对兼职教师在担任实训指导教师期间的教学质量进行考核，考核主要内容包括教学大纲及实训课时、课题，教学计划执行情况，备课备料情况，实训指导情况，作业（工件）批阅情况，学生评价情况等，对兼职教师的考核评定还应将考核结果定期反馈给兼职教师所在单位，由教师所在单位根据教师考核情况给予相关

奖励或处罚。

基地还应采取优胜劣汰的人才留用机制，对教师队伍的质量实施动态化监督和评价，实施教师退出机制，对于不符合考核要求且屡次不改的教师，要及时予以解聘。基地还应设立专项基金，根据教师工作量支付其合理报酬，对于那些对基地运行和对外服务有突出贡献的兼职教师应给予特殊奖励，并建立兼职教师成长渠道，满足一定考核要求的兼职教师可以升为特聘教授、兼职教授等，以提高兼职教师的工作积极性。

（四）强调“双元”育人

学校和企业共同制订人才培养方案，及时将新技术、新工艺、新规范纳入教学标准和教学内容，强化学生理论联系实际的能力。

1. 充分挖掘校外资源

充分发挥校外资源优势，实现学校与行业、产业对接，推行人才订单式培养。实习基地的建立和使用，扩展了学生视野，有效增强了学生实践动手能力，学校毕业生得到了社会的普遍好评，扩大了学校的美誉度和知名度。通过与企业合作，在企业建起学生宿舍，实现了课堂进企业，学生直接进入企业顶岗实习，和企业员工同吃同住，学生可以真正接触和感知企业，在培养学生的同时，为学生提供了更多的就业机会，同时，与企业签订协议，由企业定制专业课程，按照企业的需求定向培养人才，接受企业的培训，学生毕业后可进入企业工作。

2. 探究实践教学新模式

实践教学是人才培养的重要环节，学校应该积极探究大学生实践能力培养的新模式，学校可以结合学校学科专业特点，逐步建立起一批实习基地，为学生创新精神和实践能力培养奠定良好基础，为推进产学研一体化，提高教师学术水平和解决工程技术问题提供了广阔舞台，学校还可以积极与科研院所、研发中心和企业单位建立广泛联系，采取“走出去、引进来”的方式，联合各单位与科研机构建立起一批稳定的实习基地，实现与企业、专业的无缝对接。

3. 完善人才培养模式

进一步完善人才培养模式，深化产学研协同、校企合作的创新创业人才培养模式改革，推进各类实习基地的建设。学校需要努力构建省内省外、学校与企业“产学研协同、校企合作”的立体式实践教学体系，为学生实践能力锻炼、创新创业能力培养搭建良好的实践平台，基本满足各类专业课程实习实训。

实习基地建设，能够使大学生理论联系实际，激发他们的学习热情，增强其学习动力。不仅提升实际动手、团队合作、协调与交流、解决实际问题等综合运用知识能力，还能促进毕业生心理健康。学生在实践中创新、在创新中成才，从而大大拓宽了其就业渠道，增强了学生的就业竞争力。

4. 提升学生上岗动手能力

经过对学生实践能力的培养，我们不仅要做到提升学校面向企业、社会的服务能力，而且要借助企业资源使毕业生上岗速度快、动手能力强，受到企业的普遍欢迎与社会的一致认可，从而有力地推动各地方院校的就业工作。学生通过实践活动为企业科技创新提供了强有力的支撑，为企业构筑人才高地，培养认同企业文化、具有企业主人翁责任感的人才队伍，为企业持续发展、开发和储备智力资源、增强竞争力创造良好条件。同时，学校可以和企业双方积极推进科学合作研究，结合教学实习，联合开展科研项目的合作申报与实施，实现“产学研”项目的有机结合，共享经济效益和社会效益的成果。

五、服务区域地方经济

（一）与地方经济发展相匹配

地方院校不仅是传播知识和技术的场所，理所当然，也是技术创新的载体。地方院校要结合自身优势，借助区域开放产教融合型实训基地的平台积极开展应用技术研究，提高技术研发成果的转化率和生产实践需求的吻合度。如充分基于基地资源与行业企业、科研院所共建项目库、共享项目源，联办科研机构或工程技术中心，与企业开展项目研发、科技攻关、咨询服务等；积极申报和承接与工艺技术和成果转化有关的应用项目和纵向、横向课题；实现项目产业化，建成高技术项目体系，为科技成果产业化提供服务；联合企业促进新产品试制、技术推广和产品推销；积极推进学生科技创新创业，以项目为载体提供相关技术支持，实现项目孵化。

增强社会服务能力是校企合作共建区域产教融合型实训基地的关键和重点，以区域产业发展需要为指引，适应产业结构优化升级和培育战略性新兴产业需求，确立服务重点，突出服务特色，强化服务优势，主动服务产业升级和企业技术创新。

（1）设立多元投入的区域技术创新基金和成果转化基金，探究开放、集成、高效的区域协同创新模式，全方位拓展与各种创新资源的合作研究、联合创新，并将协同创新成果转化为适应市场需求的技术和产品，推动企业不断提升核心竞争力。

（2）成立专业研究所，推进专业群与产业链、产业群的协同，承接国家、省、市级科技项目和横向课题，优化资源配置方式，营造有利于协同创新的文化环境，通过市场牵引和技术推动，推进各方优质资源的流动、汇聚、碰撞、融合，产生协同效应。

（3）建立区域专业技术协作组织，实施有组织的、长期性的、目标清晰的可持续战略协作，开展跨专业的多项目合作，利用实训平台提供的开放接口进行应用研究与业务开发，为企业提供市场推广和经营策划的支持与服务，成为行业或区域应用研发中心和技术服务保障中心，促进技术创新与人才培养的有机结合，在工程实践和服务实践中培养创新团队和创新人才，为区域经济加快发展和优化结构提供有力支撑。

建设高质量的区域产教融合型实训基地，离不开政府主管部门的支持。政府需要厘清思路，统筹规划，明确建设方向，政府相关部门主要负责人应主动与地方院校专家及企业骨干联系，成立有针对性的调研小组，对当地区域主体经济和支柱产业进行调研，得出今后几年内区域对所需技术技能型人才的种类及数量，合理确定区域所需的紧缺人才，有效地指导高等职业院校对专业进行合理设置，保持区域产教融合型实训基地的可持续发展。同时，政府应加大对高等职业教育实训基地的资金扶持力度，改进资金投入方式，拓宽资金吸纳思路，多渠道地为区域产教融合型实训基地提供丰富的资金来源，还应加强投资保障机制的建立，建立以政府投入为主，学校、企业与社会投入为辅的多方投资机制。

区域产教融合型实训基地建设的最终目的是对区域内的各种资源进行有计划的合理配置，实现资源利用率的最大化，这就需要相关主管部门在充分调研的基础上进行统筹规划、合理布局，建立真正意义上的区域产教融合型实训基地。

（二）顺应地方调整专业设置

区域产教融合型实训基地建设的基本理念是一切以培养学生的职业岗位核心能力为中心。知识的掌握服务于能力的构建，以职业岗位工作任务为出发点来整合相应知识、技能和态度，形成综合能力模块，根据能力模块配置实训室，进而构建出区域产教融合型实训基地，顺应地方调整专业设置，就是从职业岗位出发，进行职业岗位核心能力分解，形成系列职业核心能力。根据学生所学专业与将来从事岗位性质，明确学生需要掌握哪一系列职业核心能力，在目标明确的前提下，学生进入相应实训室进行技能训练。实训室配置与实训基地建设，就是根据整合后的核心能力模块为学生提供高质量的实训条件，进入实训室的学生接受一系列技能模块训练后，正式进入企业顶岗实习岗位进行生产实习，并且提供反馈信息。

职业岗位核心能力具有可变性，需要动态配置区域产教融合型实训基地。在新兴技术产业领域，技术与市场处于快速变化之中，新知识、新技术、新方法与新设备的使用促使产品更新速度加快，这一变化对职业岗位核心能力提出了更高要求，需要不断适应新的市场需求。为了实现职业院校培养的技术技能型人才努力适应职业岗位的需求，学生技能训练内容、训练手段及训练设施等均应该处于动态变化中。因此要通过实训基地设备设施改进、实训项目开发等，建立一个与企业岗位需求动态对接的产教融合型实训基地。

实训基地建设的最终目标是培养学生的职业能力。学生职业能力是在职业活动中逐步形成和提高的，职业活动的环境、范围、方式、进行过程等，对形成职业能力有非常重要的作用。因此在实训基地建设过程中，如实训设备的配备与摆放、实训场景的布置等都要紧紧围绕职业活动这一根本问题。创设真实的职业情境，是实训基地建设中的职业教育理念。只有按照职业岗位的实际需求，进行实训设备的配置，才能有效地规划职业活动，才能为职业教育服务。

产教融合型实训基地的建设要采取两种模式：第一种，一体化实训场所建设模式，包括实训区、讨论区与教学区，实训区配备实训装备，学生在该区域完成工作任务；教学区配备桌椅和其他教学设备，指引学生学习专业知识，讲解工作任务等；讨论区让学生讨论完成工作任务时出现的问题，与同学老师交流找出解决问题的方案；第二种，在一体化实训场所之外建设生产性顶岗实训区，为学生提供完全真实的实训环境，使学生在走上就业岗位之前做好充分准备。通过一体化实训场所的实训后，经过考核，合格的学生可以进入生产性顶岗实训区进行顶岗锻炼，该车间对外开放营业，整个运作过程完全企业化，学生不仅可以锻炼技能，还能了解工作岗位的所有细节问题，利于学生职业岗位能力的形成。生产性实训场所的建设模式完全等同于企业的车间，学生在该基地进行实训时，需要完成产品加工与生产任务，为基地创造利润，完全实行企业运行模式。

教学、生产一体化运作，根据订单、教学计划和实训计划安排生产计划，生产过程中进行产学对接、工学结合，教师技师化、学生员工化，既完成生产，又进行项目导向、任务驱动、真实生产的情境实训教学和顶岗实习，严格执行工艺标准、质量标准和班组管理标准，实施工学过程控制，进行工序产品质量检验、入库验收，实施教学质量监控，确保教学质量和产品质量。

（三）匹配地方职业素养要求

产教融合实训基地建设要准确把握经济发展方式转变对人才素质提出的新要求，进一步完善基地的人才培养体系。产教融合实训基地中大部分是高职学生，高等职业教育培养的人才应既有别于普通高等教育所培养的“学术型和工程型人才”，又有别于中职教育所培养的“技术操作型人才”，在实施过程中，应注意按照技术应用型人才来设计培养模式和教学模式。高等院校在办好学历教育的同时，也要加强高等职业教育的在岗培训、继续教育和职业资格证书教育等，把学历教育与职业培训相结合，职前教育与职后教育并重；既要针对职业岗位（群），又要着眼于劳动者的整个职业生涯；形成多种办学模式和教学模式，以适应社会的多种需求，基地在人才培养过程中应针对产业需求确定专业群建设标准、针对工作任务的典型化需求训练适应多岗位的专业技能、针对校企合作过程中规模企业的订单需求开发课程，同时完善学历文凭加多种职业资格证书制度，注重提高人才培养的社会适应性；开展与中等职业教育以及本科教育的衔接，构建人才成长的通道。

在产教融合实训基地的建设中，政府机构为产教融合实训基地建立基地实训指导教师师资共享平台，在现代工业中心高等教育资源共享中将起到非常重要的作用，在基地内建立高等院校教师个人档案资料库并汇总形成区域高等教育师资共享信息资源平台，为基地高等教育师资资源共享创造良好的条件与平台，能够使基地内各高校的人事部门和教务部门及时准确地了解其他院校的师资情况，从而为择优选师、教师及时补缺等工作打好基础。同时，还应为区域高等教育师资教学建立合理、统一的考评机制。教师考核评价制度的完善有助于高校间教师资源共享得以长期健康地发展，实训基地内高等院校间应相互认可教师在其他院校的工作业绩，从而确保教师们在各个院校工作的质量和效果。

产教融合实训基地还应紧紧基于基地集聚发展、资源共享、优势互补的基础条件，坚持把开放共享贯穿于高等教育综合改革试点的全过程。基地应不断完善区域公共服务平台建设，通过建立学生生产性实训基地、创业教育基地、就业服务基地和大学创业苗圃，为基地高等教育资源开放共享夯实基础。基地还应继续挖掘高等教育资源开放共享的深度，在专业、课程、教材、师资、学分互认、公共服务等领域寻求新突破，建立共享新机制。产教融合实训基地应进一步拓展开放共享的广度，构筑大开放格局。在发展与使用过程中应注重进一步拓展优化基地高等教育资源共享的平台，通过生产实训、创新创业实线、校企联合学院等多种形式，构建政、产、学、研结合，校、企深度融合的新模式，进一步推动基地成为创业人才培养和国际化合作的有效载体。产教融合实训基地应对基地院校、科研机构以及高科技企业的“数字资源”进行有效整合，建立高速、安全、共享的城域网，建成一卡通支付系统、课程互选系统等；基地应扩大构建基于城域网共享的专业教学资源库、网络课程资源库、精品课资源库、校企合作课程库、优秀学生作品库等高等教育资源库的种类与规模，以供基地合作高校共享。

（四）满足优势职业能力需求

产教融合型实训基地建设的根本目标是实现“市场有需求学校能满足”。因此，必须将市场用人需求纳入对实训基地的建设中，加强理论与实践的结合。

高等职业教育实训基地在定位时需要考虑高素质、高层次技术技能人才的市场需求和地方院校实训基地的培养模式，这些是实践教学体系建设的先决条件。坚持科学定位，有助于地方院校明确办学方向，快速了解社会用人需求，从而加速教学改革，培养高质量、高满意度的人才。高等职业教育的最终目标是培养适应生产建设第一线的高素质技术技能人才，了解市场需求、把握市场发展趋势是制订培养计划的前提，将用人需求与实训基地的建设管理联系在一起，有利于学校和社会实现双赢。

高等职业教育与普通高等教育的主要区别在于所培养的学生理论联系实践的能力较强，通过科学合理的课程教学安排，及时引导学生进行实践锻炼，有利于学生巩固理论知识的同时获得职业技能。此外，仿真性的工作情境、前沿的技术理论以及实时的设备更新均有助于提高学生的学习效率。

合作育人是校企合作共建区域产教融合型实训基地的出发点和落脚点，也是企业和学校共同希望实现的培养毕业生高职业能力的一个重要途径。职业教育源于企业需求，同时也服务于企业需求，以学生的全面发展为目标，培育学生的社会责任感、实践能力和创新精神，通过整合实训资源，实现学校教学环境与企业现场环境对接、学校文化与企业文化对接，促进校企深度合作，系统培养区域产业发展需要的高素质技术技能人才。学校对于学生的培养要立足区域特色，突出合作育人、合作发展，建立和完善协调运行机制，促进育人过程中各个要素与生产过程中各个要素的深度对接，努力发挥其职能。为了更好地实现校企合作，打通专业人才培养产业链，进一步提升毕业生的职业能力与企业需求的对接，具体可以从以下几点入手。

（1）建立行业企业全面参与实训教学的工作机制，充分利用行业企业在产业发展方向的把握、技能标准的实施、实训设备和实践指导师资等方面的优势，使企业在专业实践教学中发挥更大作用，促进人才培养标准与行业标准相对接，培育学生发现、提出、分析、解决问题的能力，不断提高专业人才培养的针对性和适应性。

（2）为人才培养提供创新实践平台，在企业建立顶岗实习和专业教师实践基地，推动企业积极接受学生顶岗实习，探究顶岗实习与就业一体化的有效途径。学校在组织学生顶岗实习时，应严格按照专业对口的原则，如果学校仅仅将学生视为廉价劳动力，甚至以此作为激发企业提供岗位的动力，不仅与其制定的人才培养目标相背离，这样的“校企合作”也是不可能持续的。将顶岗实习转化为简单劳动，不但不能达到学校设计的目的，还会使学生对实习失去兴趣，从而影响其对本职业的正确认知。

（3）构建开放在线课程平台，挖掘网络学习空间应用模式，将空间学习课堂教学有机衔接，开展职业技能鉴定、企业员工培训，满足企业员工继续学习、终身发展的要求。

（4）在校企之间搭建信息化平台，将企业的生产过程、工艺流程和工作现场等资源引入实训基地，基于企业主动提供真实的生产项目或经营案例，开发实训项目和仿真实训软件，以企业标准为依据，形成按项目、按模块的教学培训标准，校企共建共享实训资源。

（5）校企共建专业工作室和技术服务平台，形成基于企业专业技术人员与基地院校专业教师定期换岗交流的机制，促进技术知识在校企之间的流动和共同创造。

六、以开放性思维共享实训基地

（一）校校共通共享

在建立多元产教融合实训基地的校校共通共享方面，要引导树立共享理念和行为，打破学校间的壁垒，避免各自为战的分散式建设与运行，实现资源共享与业务协同，在合作学校范围内做到资源共享、优势互补，进而全面提升合作双方的服务能力与办学质量。

在目前校际合作建立的多元产教融合实训基地的共享程度还不够高的情况下，学校对送学生到外校实训时会在教学成本、教学效果、学生反应等方面存在一些顾虑。为打消学校顾虑，为校际交流提供更好的平台，在此提出以下几点建议：

（1）采用协议方式，确保共享合作有据可依。在初期合作时，为确保共享工作顺利启动，学校间要本着相互理解、互利互惠的原则，进行坦诚协商，对双方关心的问题，要以协议形式明确双方的权利和义务，保证在教学组织、学生管理、考核鉴定、成本核算及其他双方达成共识的内容有效实施。

（2）坚持服务思想，确保共享工作长期进行，开展实训基地共享，要做到资源的合理配置，不能增加任何一方的负担。为此，合作双方不要过多考虑盈利问题，要坚持服务思想，避免增加学校的教学成本和学生的经济负担，方便合作学校的师生。

（3）根据学校距离的远近，分成不同合作班型，采用灵活的时间表。对于近距离的学校采取随时随地型合作，对于远距离的学校采取集中型教学，普通训练型以理解掌握专业基本技能为目标，将合作学校的训练要求与职业资格标准相结合。培训与考证结合型班以职业技能鉴定标准为教学依据，把培训和考证相结合，学生完成实训，组织开展技能鉴定，发放技能等级证书。

（4）建立真正的区域性实训共享还须提高认识，克服“大而全、小而全”的发展思路，克服封闭攀比思想，树立区域教育观和资源共享观，以积极的态度共同推进资源共享。突出自身具有特色的实训品牌建设，合理利用区域职业教育资源，“不求所有、但求所用”，能够有效弥补自身资源不足问题。

（5）开展基地共享工作应以促进区域性教育资源利用、促进办学质量提高为出发点，以让我们的学生享受到最优质的教育服务为目的，基地提供方不应以营利为目的，应积极发挥教育资源功能，努力为合作伙伴提供最优质的服务。同时，需要双方以互信为基础、以诚信为准则，做到“资源共享、成本分摊”。

（6）实训基地共享工作的维系、发展，既需要学校之间建立协议，也迫切需要教育部门制定要求和管理制度，构建相应评价指标体系，构建共享信息交换平台，制定扶持激励政策，从本质上促成共享局面的形成。

（7）基地共享有助于实现合作多赢。通过共享平台，有助于打破校际界限，降低育人成本，促进学校相互交流、取长补短、共同提高；有利于教师之间切磋学习，统一技术技能人才培养质量标准，提升实训教学质量；有助于学生拓宽接触面，增加新鲜感，开阔视野，强化技能，为他们成为能工巧匠奠定坚实的基础。

（二）校企共通共享

既为产教融合型实训基地，那么建设必将由多主体共同完成，在其建设过程中，应当设计形成互惠合作的新机制，提高企业和其他主体参与的积极性。企业经营的直接目的是获取利润，与实训基地开展合作获得利益的程度决定企业合作的积极性。目前社会主体在地方院校建设管理过程中的参与度较低，合作互惠的新机制能够扩大双方的潜在利益，进而提高满意度。首先政府应从全局角度统筹区域实训基地的建设，颁布相关的法律政策，同时提供相应资金支持，为高等职业教育营造健康的发展环境，还可以对某些企业实行税费减免政策，为企业员工提供免费培训等，以提高企业参与的积极性。

我们可以通过学校、政府、企业、教师和学生之间的股权分配，实现资源的优化组合和共建共享，可有效提升实训基地所需资源的质量和数量，实现资金、技术、人才、厂房和设备等要素的优化配置，节约教育资源。通过校企合作、政企合作、校校合作、师生合作，集中各方优势，共建共享融教学、培训、职业技能鉴定、生产和技术研发为一体的综合实训基地，产生规模效应，实现优势互补，谋求多赢。

1. 资源共享

第一，信息资源共享，学校应根据市场和企业的人力资源需求变化，及时更新教学大纲和教学内容，保证实训基地的教学效果，以政府公布的就业统计数据为参考，以合作企业的实际需求为基础，优化专业设置，提前介入专业培养。在保证教学质量的前提下，按周期调整招生专业和招生规模，更新实训内容。在强化“订单式”“学徒制”人才培养的基础上，建立人才需求信息传导机制和职场预备役班级，拓宽学生就业渠道。

第二，人才资源共享，无论是政府、企业还是职业院校，都拥有丰富的管理和技术人才，教师和学生则为实训基地具体业务的开展提供了丰富的劳动力支持。实训基地的决策层、管理层、业务层应充分发挥各方的人力资本优势，并在结合自身业务的前提下，以绩效考核结果为依据，对人力资本进行开发。企业工程技术人员作为兼职教师指导或参与指导学生，教师也可以成为企业的兼职工程技术人员。此外，实训基地领导层的选拔不应局限于学校内部，还应吸引外来优秀管理人才，保证外来高管不低于一个合理比例，避免高管交叉任职，权力集中在少部分人手中。

第三，权力资源共享，现代公司治理模式使教师和学生成了实训基地的股东，与政府、企业和学校共同参与基地决策，增强了教师和学生的积极性。市场化的企业运作机制将劳动者升级为股东，最大限度地激发和调动了教师和学生的生产积极性、集体意识和创造性。

2. 功能共享

加强校企合作共建实训基地的共享功能建设，可以最大限度地提升实训基地的实用价值。将职业院校和企业的资源进行充分整合，为企业提供相关的职业技能培训，将学校教学与企业培训相结合，并吸收企业成熟的生产工艺，将生产、教学、实训、服务融入教学过程中，为企业提供所需人才。企业专业技术人才也可受聘于学校，参与学校教学，加强实训基地之间的合作，建立实训基地交换生项目，共享先进教学资源。还可整合技能培训和职业资格鉴定职能，彼此之间提供技术支持、服务支持等。基于实训基地及企业资源，实现地方院校与行业企业合一、实训与生产同步、育人与创收共赢的“三位同体”的基地运行模式。学校与企业不是两个并列机构，是体现双重功能的一个实体，两者所有的行为均是同步进行的，其结果是学生学到了技能，企业也能够获得利润。

（三）基地全面开放

开放产教融合型实训基地是以职业院校为基础，政府发挥统筹协调功能，结合产业结构调整，整合学校和企业的资源，集中资金投入建设的实训基地。开放产教融合型实训基地面向职业教育、劳动力培训、企业技术改造和技术创新，最大限度地实现了资源共享，使之成为技能型紧缺人才的培养培训基地、农村劳动力转移培训的桥梁、社区教育和服务的窗口、校企合作的载体、产学结合的平台。

实训基地的全面开放可以实现资金的有效利用；可以实现由学习型实训向生产型实训的转变；有利于职业院校与大中型企业的合作；可以实现资源优化配置，避免重复建设与资源浪费；可以实现资源共享；可以加速服务区域产业转型升级。产教融合型实训基地的建成，可进一步提升职业院校的人才培养质量，为周边企业提供人才、技术保障，更好地为社会经济发展服务，为产业转型升级提供人力资源保障。

我们建立的产教融合型实训基地不仅要与诸多企业建立合作关系，还要设立专门的服务部门和高效的服务团队，以进一步跟进服务和交流，从而避免项目的虎头蛇尾，例如在实训师资培训、实训项目开发、重要课题的协作等方面，要做到学校与企业、培训机构等紧密联系，要真正体现“对内实行企业化管理，对外实行准市场化运作”的共享机制特色。对实训基地全面开放的具体建议如下：

（1）科学规划，准确定位。产教融合型实训基地为学生理论与实践的结合提供训练场地，目的是让学生自己动手进行专业设计和实际操作，尽快熟悉并掌握本专业的主要设备仪器及专用工具，同时熟知本专业的生产工艺流程、基本技能要领、专业技术技能。因此，产教融合型实训基地建设要科学化，准确定位。

（2）合理配置，确保先进。产教融合型实训基地建设在一定程度上代表了行业发展的先进水平，它的起点要高，所使用的装备不应该低于企业的现实水平。产教融合型实训基地建设既是对应企业中新产品、新技术的研发基地，又是成熟技术的应用基地。教师及学生应该充分利用好产教融合型实训基地的设备条件和自身的智力资源，不断研究新技术、开发新产品，积极开展技术改造和科技开发等活动。

（3）校企结合，资源共享。产教融合型实训基地要根据当前职业院校、企业需要或专业技术领域对知识和能力的要求，制定相应的培训大纲和课程设置培训项目，除面向职业学校学生实施岗前的职业培训外，也可面向社会开展职业培训，甚至可以为一些企业的职工进行技能培训、待岗培训、转岗培训等各类技术教学，实现资源共享。

学校需要努力做到在实训基地提供企业项目和研发项目，每位实训教师都承接有企业项目，组成项目组，带领学生团队去完成。学校实训基地可以将学生实训、实习与承担企业项目融为一体，形成产业，不仅解决了资金问题，还可以赢得学校声誉，而且使教师和学生能将所学到的知识和技能应用在跨学科、多元化的综合科技开发和创新上，形成了校企互惠互利、共同提高、共同发展的良性循环。

综上所述，产教融合型实训基地建设，要充分发挥政府的统筹协调作用，促进校企深度合作。引导和鼓励职业院校以专业对接产业为纽带，与行业、企业和区域经济建设紧密联系，创新多元化职业教育发展模式，实现资源共享和优势互补，形成教学链、产业链、利益链的融合体，建立校企合作双赢机制，以合作办学促发展，以合作育人促进就业，实现不同区域、不同层次职业教育协调发展。

第六章 在产教融合和乡村振兴中实现地方院校与乡村协同创新

人才培养始终处于高校各项工作的中心地位，对地方院校而言，它们承担着为行业和区域经济社会发展培养应用型人才的历史使命。随着我国经济发展进入新阶段，人才供求关系发生深刻变化，同时伴随产业结构升级，高等教育结构矛盾不断显现。高校就业难和企业招工难的矛盾迫切需要建立复合型和创新型的人才培养机制。对于高校而言，大力实施产教融合的根本目标就是提高人才培养质量，通过校企合作、产学研一体化协同育人，全面提高服务经济社会发展的能力。

第一节 产教融合与协同创新的关系

一、协同创新理论

20 世纪 70 年代，德国著名物理学家哈肯综合了系统论、信息论、控制论、突变论等理论基础，采用统计学和动力学相结合的方法发表了《协同学导论》，提出协同理论，描述了各种系统和现象中从无序到有序转变的共同规律。协同论原属于自然科学理论，是研究不同事物共同特征及其协同机理的新兴学科。

协同理论的主要内容有协同效应、伺服原理、自组织原理三方面，但是其使命并不仅仅是发现自然界中的一般规律，而且在无生命自然界与有生命自然界之间架起了一道桥梁，具有普适性特征。为我们研究自然现象、生命起源、生物进化、人体功能乃至社会经济文化的变革这样一些复杂性事物的演化发展规律提供了新的原则和方法。

协同论产生之后，管理学研究引入协同论，对管理理论的发展以及对解决现实管理领域中的问题起到了深远影响，并为管理学研究提供了新的思维模式和理论视角。管理系统本身是一个复杂性开放系统，协同论的自组织原理告诉我们，任何系统如果缺乏与外界环境进行物质、能量和信息的交流，其本身就会处于孤立或封闭状态。系统只有通过与外界不断地进行物质、信息和能量交流，才能维持其生命，使系统向有序化方向发展。管理系统是一个复杂的开放系统，说它具有复杂性是因为管理系统一般由人、组织和环境三大要素组成，而每个要素又嵌套多个次级要素，其内部呈现非线性特征。而它又是开放系统，是因为它通过不断地接受各种信息，并经过加工整理后，将管理对象所需的信息输出。管理系统就是在不断地接收信息和输出信息的过程中向有序化方向完善和发展。

随着知识经济时代的到来，在现代信息技术、知识经济理论、企业管理思想和现代管理理念基础上，知识管理的概念应运而生，并最终形成了协同创新理论。协同创新是以知识增值为核心，企业、政府、知识生产机构和中介机构等为了实现重大科技创新而开展的大跨度整合的创新模式。协同创新是通过国家意志的引导和机制安排，促进企业、大学、研究机构发挥各自的能力优势、整合互补性资源、实现各方的优势互补，加速技术推广应用和产业化，协作开展产业技术创新和科技成果产业化活动，是当今科技创新的新范式。

协同创新是一种复杂的创新组织方式，其关键是形成以大学、企业、研究机构为核心要素，以政府、金融机构、中介组织、创新平台、非营利性组织等为辅助要素的多元主体协同互动的网络创新模式，通过知识创造主体和技术创新主体间的深入合作和资源整合，产生系统叠加的非线性效用。

协同创新的主要特点有两点：一是整体性，创新生态系统是各种要素的有机集合而不是简单相加，其存在的方式、目标、功能都表现出统一的整体性；二是动态性，创新生态系统是不断动态变化的。因此，协同创新的内涵本质是：企业、政府、大学、研究机构、中介机构和用户等为了实现重大科技创新而开展的大跨度整合的创新组织模式。协同创新是通过国家意志的引导和机制安排，促进企业、大学、研究机构发挥各自的能力优势，整合互补性资源，实现各方的优势互补，加速技术推广应用和产业化，协作开展产业技术创新和科技成果产业化活动。

协同创新是在各个创新主体要素之间实现创新互惠、知识共享、资源优化配置、行动最优同步以及高水平的系统匹配度。当今时代，协同创新是科技创新的主要形式。实施协同创新，既能集中优势资源、提高创新效率，又能促进产学研用融合、创新成果和市场需求对接，提高创新质量。20 世纪 90 年代以来，美、日等发达国家的科技创新绝大多数是通过协同创新实现的。进入 21 世纪，信息技术快速发展推动协同创新跃上了新台阶。

如何才能突破核心技术的瓶颈，逐步解决“卡脖子”的问题？一个行之有效的方法，就是发挥市场经济条件下新型举国体制优势，集中力量、协同攻关，为攀登战略制高点、提高我国综合竞争力、保障国家安全提供支撑。

经验表明，协同创新的有效执行关键在于协同创新平台的搭建，可以从两方面对协同创新平台进行宏观布局。一是面向科技重大专项或重大工程的组织实施，建设一批可实现科技重点突破的协同创新平台。通过重大专项和重大工程的部署实施，瞄准目标产品和工程，集成各类科技资源，坚持产学研用结合，加强各类承担主体的联合，建设支撑科技重大专项和重大工程的组织实施。二是面向产业技术创新，建设国家层面支撑产业技术研发及产业化的综合性创新平台，加快科技成果转化、产业化。特别是面向培育战略性新兴产业的协同创新平台，以重大的高新技术产业化带动新兴产业发展形成未来主导产业，协调相关创新组织，统筹加强科研设施建设和研发投入，促进战略性新兴产业的形成、崛起，形成具有国际竞争力的主导产业，带动产业结构调整。

除此之外，需要制定有利的政策与保障措施来支持和发展协同创新平台：一是建立协同创新平台的中央财政投入渠道，稳定支持培育具有产业技术综合竞争实力、具有较大产业化价值的研发组织。国家重大项目安排要优先向协同创新平台倾斜。在保障政府投入的基础上，发挥多方积极性，进一步吸收社会资金参与协同创新平台的建设与发展，形成国家与地方企业联合共建机制。探索稳定支持与项目支持相结合、中央支持与地方支持相结合、财政资金投入与企业和社会资金投入相结合的多种支持方式和渠道。调动各种资源，加强集成与衔接，避免重复建设。二是要主动加强与现有人才发展规划、计划和工程的衔接，吸引和聚集优秀的创新人才，开展广泛的国际国内交流与合作。在不危害国家安全、不泄密的前提下，吸引来自世界各国优秀人才共同参与我国科技创新，提高基础研究、高技术前沿研究领域与产业创新的国际竞争力。

二、协同创新与产教融合

从人才培养角度看，协同创新理论为高校产教融合改革提供了更广阔的探索空间。高校在产教融合体系中承担的主要责任是高层次创新人才培养、基础性科学研究和前沿技术原创性研究。作为人才培养和知识创造的天然结合点，高校拥有丰富的人才资源、天然的科研优势，为后期科研成果的转化、产业化、市场运营、成果中试及资金募集等活动奠定坚实的基础，提供人力、物力、科研技术等多重资源保障，是协同创新中的重要主体。

参与产教融合的各创新主体在协同创新活动中都有明确的任务分工，针对形式多样的协同创新内容，各主体承担相应的主导责任。在面向企业开展的创新成果运用和解决关键性技术问题的协同创新中，应以企业为主导；在面向区域经济发展的协同创新中，则应以政府相关部门为主导；在面向科学技术前沿开展前瞻性研究和高技术领域创新突破性研究的协同创新中，高校发挥着主导作用。可见，虽然高校并非唯一主体，但发挥着重要的作用。当今世界，知识经济、信息经济快速发展，各国综合国力的竞争日益激烈。综合国力的竞争归根结底是人才的竞争，因此，培养高质量的创新人才成为高校教育的重要目标。高校拥有深厚的文化底蕴、优质的师资队伍、完备的实验器材、先进的科学技术、前沿的科研动态等丰厚资源，在创新人才的培养方面具有明显的优势。随着国家“985 工程”“211 工程”的顺利推动，经过十多年的重点建设和大量的人力、物力、财力投入，许多高校的基础条件、学科建设、师资队伍、科学研究都得到了极大改善，进入“双一流”建设阶段，一大批高水平的大学已成为我国培养高层次创新型人才的重要基地，为建设创新型国家提供了强有力的智力保障。

产教融合有利于协同创新。产教融合的目的是构建教育链、人才链与产业链、创新链有机衔接的新格局，是新时代培育经济发展新动能的重要抓手。中国经济已经由高速增长阶段转向高质量发展阶段，习近平总书记强调："发展是第一要务，人才是第一资源，创新是第一动力。""三个第一"相互关联、相互作用，从而让创新成为引领高质量发展的第一动力，在新一轮全球创新竞争中赢得战略主动。20 世纪 50 年代以来，大学作为创新的领跑者，在变革的同时不断融入产业中，正如美国斯坦福大学之于硅谷。深化产教融合，促进教育链、人才链与产业链、创新链的有机衔接，是建设创新型国家必须解决好的重要问题。党的十九大报告指出："深化产教融合、校企合作，加快一流大学和一流学科建设，实现高等教育内涵式发展。"这是我们党根据新时代的历史方位、主要矛盾和发展目标，着眼于教育如何更好地服务"实体经济、科技创新、现代金融、人力资源协同发展的产业体系"做出的重大战略部署。深化产教融合，从地方院校延伸到以地方院校、高等教育为重点的整个教育体系，构建教育链、人才链与产业链、创新链有机衔接的产教融合发展大格局，这是国家教育改革和人才资源开发的基本制度安排。切实把科教人才优势转化为发展优势，促进人才培养供给侧和产业需求侧结构创新要素全方位融合，对我们全面实现第二个百年奋斗目标，建成高等教育强国，具有重大现实意义和深远历史意义。

第二节　地方院校与乡村协同创新的机制与模式

实施乡村振兴战略，是党的十九大做出的重要决策。要实现乡村振兴的战略目标，农业人才和科技支撑是关键。乡村振兴所需的人才并非是普通的人才，而是有知识、有文化、有热情、有干劲、懂技术、懂管理、懂经济的综合性人才。如何培养这类人才，从而解决乡村振兴过程中人才缺失问题，是高校应该思考的。文章将通过校地协同育人助力乡村振兴的保障措施、实施路径两个切入点，为高等院校的人才培养创新提供参考。

一、关于校地协同

校地协同即产教融合，在乡村振兴战略背景下强调校地协同，主要是利用学校已经形成的文化优势、科研优势、创新优势和人才优势来对接乡村振兴战略，打破城乡二元结构，深化产教融合，进一步促进教育链、人才链与产业链以及产业创新工作的有机结合，从而达到推进农村经济转型、助力农村产业经济新发展、帮助农民增产增收，从而实现共同富裕。校地协同育人主要是针对学生，以学生未来职业为导向，充分利用学校和社会的不同资源，将理论学习与工作实践相结合，使学生获取知识与实践经验。目前，校地协同大多采取校企合作与工学结合这两种方式实现校地共同育人，通过这种方式培养的人才，他们的专业性与适应能力都很强，适应性也更广。乡村振兴战略背景下的校地协同育人，则需要结合不同乡村的地域性特征，对人才进行专业打包式培养，只有这样，其培养的人才才能真正服务于“三农”。

二、校地协同育人助力乡村振兴的保障措施

任何工作的实施，都必须有相应的保障措施，特别是人才培养、乡村建设等关系国计民生的工作，要将其实施，首先就要对其提供基本的政策保障和资金保障，只有这样，相关工作才能有效推进。

（一）政策保障

国家的政策是实施乡村振兴战略、促进校地协同育人的重要保障。近年来，出台一系列相关政策，主要有《乡村振兴战略规划（2018—2022年）》《国家中长期教育改革和发展规划纲要（2010—2020年）》《国务院办公厅关于支持返乡下乡人员创业创新促进农村一二三产业融合发展的意见》《国务院办公厅关于加快众创空间发展服务实体经济转型升级的指导意见》等政策文件。地方政府也因地制宜，制定出了适合地方发展的政策文件，只有在这些政策文件的支撑和保障下，校地协同育人才能做得更好，从而为我国乡村振兴提供有力的人才保障，并且我们的政策还要在实践中不断优化。

（二）资金保障

要实现校地协同育人，培养乡村振兴的人才，资金保障是基础，国家财政也确实提供了重要的资金保障。目前在市场化的指引下，高校教育经费的投入力度和经费使用方向上变得更具指向性和精准性，专项款的支持对于校地协同育人起到了关键性支撑。除了国家财政的资金，政府和学校还可联合社会各方力量，形成多元的资金投入，并使其真正在乡村振兴的各个环节流动起来从而充分发挥资金的积极作用，使普遍存在的融资难、利息高等让乡村经济创新创业困在第一步的问题得以解决，乡村振兴工作才能真正被推动起来。

三、校地协同育人助力乡村振兴的实施路径

（一）从文化出发，构建乡村文化的新发展

文化决定思维，思维决定行为，文化引领着乡村振兴工作中的每一个环节。要实现乡村振兴，首先需要从文化出发，从文化发展角度进行创新，根据各地乡村的文化差异、发展差异，有的放矢地进行改进，只有这样才能对乡村文化进行创新，从而构建创新型乡村文化的发展体系。对此，我们可从几方面入手：首先，对现有文化进行分析、挖掘，找到

这些文化中的历史闪光点，以此为抓手，来进行相关的文化建设；其次，对乡村经济发展过程中有特色的特产、民俗、手艺、活动等进行研究，找到文化的核心，确保在乡村振兴工作中，在保持传统乡村文化的基础上进行文化改进发展。思维活跃、富有创意的大学生，可成为完成此项工作的主力军。

（二）提高技术型人才在教育体系中的地位

从目前我国教育的实际情况来看，有着一个不成文的规律，普通高校重学术、重科研，而职业院校重技能、重实践。对于社会大众而言，大多数人都会觉得实验室里搞科研的人会比工厂中车间做技术的人要“高级”。严谨来说，这种社会主流意识有弊端的，我们的国家建设需要的是既有理论又懂实践的人才，乡村振兴中所需的人才则更是体现了这一要求。因此在教育工作中，我们要改变固有的思维，一方面要重视职业学校的理论提升部分，另一方面是在普通高校加强技能型人才培养，提高技能型人才在教育体系中的地位。只有这样培养出的人才，才能满足乡村振兴的人才需求。

（三）进行定制式人才培养，充实乡村振兴所需人才库

对于乡村振兴所需要的人才，通过校地协同的订单式、定制式的人才培养战略是最为行之有效的一种方法。根据乡村振兴中实际所需的人才，通过校地协同订单式人才培养的方式来建立乡村人才保障、打通乡村人才制约屏障才是解决乡村振兴人才匮乏的根本落脚点，也是改善农村面貌、激活农村活力、提升农民收入与生活水平的便捷之选。因此，各大高校及职业院校应有针对性地对有志于乡村振兴的人才进行培养，给予机会、历练、关心，使此类人才有施展自己技能的机会。不仅如此，还应制定配套激励措施，确保乡村能留住这些人才。

（四）提升师资力量，加强师资队伍建设

师资是教育教学的根本保障。但目前来看，要实施校地协同育人助力乡村振兴，相关教师是非常匮乏的。除了农业专业的教师外，其他懂农村、农业及相关知识的教师比较少，这样一来便无从培养乡村振兴方面的人才。对此，可从两方面出发：一方面，是对于专门师资，可通过乡镇企业以及与乡村发展相关的专业，如农业、养殖、民俗、活动、文化等专家的聘请，以此实现校企合作、协同育人；另一方面，设立与乡村振兴相关的专门教学机构，给现有的创新创业教师一个到农村进行学习、体验的机会，以此培养针对乡村振兴人才的专门师资。

（五）资源共享，构建校地资源平台

要实现校地协同育人，就要做到开放、共享与之相关的教育资源。对此我们可从三方

面出发：首先，双方对能共享的资源、信息进行梳理，明确可共享的信息有哪些；其次，制定资源共享的相关管理办法，通过管理办法来对双方进行约束和管理；最后，通过互联网建设共享网络或共享平台，将相关信息放上去，以此打破校地之间的距离限制。除此之外，双方还应共同协作建立相关信息系统，确保双方信息能互联互通。

（六）改变人才评价机制，注重综合素质

受我国传统应试教育的影响，我国的人才评价方式一直都是单一的，只以学校制定的评价标准为准。但校地协同人才培养必须立足于地方需求，同时又兼顾高校的实际情况，合理规划人才培养各个环节，力求人才培养与市场需求不脱节，而且还需适度超前。我国的乡村振兴战略是一项长远规划，其融合了系统性和地域性的特点，其所需的人才除了具备高知识、高技能，情商也要高。此种情况下我们应通过人才与岗位的匹配性、一致性方面进行评价，从人才所应具备的知识、技能、能力、动机，甚至性格和行为方式上看其是否与乡村振兴岗位的要求相匹配。在实际评价模式制定过程中，一方面，我们从岗位要求中提取，将其建立成胜任能力评价模型，以此来对人才的能力进行评价。另一方面，不同人的思维方式、知识经验、性格、能力也都是不同的，要能使这些人在乡村振兴工作中发挥力量，则需要他们具备一定的沟通能力、适应能力、协调能力，这也必须是人才评价中的重要指标。也就是说，对于乡村振兴所需的人才评价必须是多样的、综合的。

四、结语

校地协同是近年来一直推崇的人才培养模式，乡村振兴是国家的战略决策。要实现乡村振兴的宏伟目标，需要大量的专门人才，高校无疑要肩负起此重任，而校地协同育人，则是完成此重任的可行之策。要确保该人才培养计划的实施，不仅要从政策、资金方面进行保障，还需有明确的人才培养实施路径，这是一个很大的课题。文章仅从常见的几个方面进行了阐述，要实现乡村振兴的战略目标、培养相关人才，还有着很多实际的问题，如教师、教材等，有待社会各界深入研究。

第三节　在产教融合中实现协同创新的实践策略

一、树立应用型人才培养目标定位

当前，许多地方院校对产教融合的理念认知方面，还存在着不到位、不充分、不重视的现象，许多地方院校即便响应国家号召开始使用产教融合人才培养的方法，但是在教学

的模式和方法上也过于依赖传统教育教学模式，并没有认识到产教融合的教学要求需要将传统的教学要求与技术能力上升到平等重视的层面上，这种认知意识无疑会影响地方院校产教融合的实施过程和推进进程。地方本科高校在开展产教融合的过程中，应该不断提高自身对产教融合的认识程度。面对地方经济社会发展和行业需求积极地与各大企业展开合作项目，进行开放式办学，将产教融合培养人才的模式上升到地方本科高校的办学特色和办学优势方面，让学校的管理制度和办学政策能够依靠地方市场经济发展趋势和行业企业发展需求，开拓出更多的实训基地与岗位培训机会，让高校的学生还没有走出学校就适应社会和地方经济发展的需求，具备工作岗位的适应能力和竞争能力，让地方院校真正走上以市场为导向的产教融合发展道路。

地方院校首先应该根据行业和地方经济社会发展的程度、需要来对学生进行科学合理的人才培养定位，在就业形势非常严峻的今天，地方院校只有根据经济社会发展的切身需求来培养目标人才，才能够让学生得到充分就业。总的来说，地方院校还是要以服务社会、培养应用型人才为主，在人才培养的目标上始终要考虑到地方院校的地方属性和行业属性，确保培养出来的人才是地方需要的，是符合行业企业发展需要的，是符合经济发展规律的，能够尽快适应社会发展需要。

二、加强“双师双能型”教师队伍构建

转变教师的育人观念和教学观念，就是为地方本科高校的产教融合教育模式，创造出一条高效科学的途径。这是因为产教融合培养的选择、更新以及传递等工作都需要教师来完成。地方本科高校的教师们应该从以下方面开展培养学生的工作：一是地方本科高校的教师应该主动积极地深入到行业企业等用人单位和组织中，探索出它们的就业需求和就业特点。然后根据这些需求和特点直接转换成在课堂上讲授的内容，以帮助地方本科高校学生群体就业和创业为出发点，培养学生对知识的运用能力和实际操作能力，有针对性地明确教学方向，培养出企业行业单位所需要的毕业生。二是地方高校的教师在理论教学的过程中，还需要有意识地将教学内容进行有效整合。尽管我们一直在加强实践教学的力度，但并不是说地方院校的老师可以将理论教学内容进行不断地压缩和减少。教师们应该转变好自己的教学理念，根据地方行业企业需求将相关的学科知识，整合、精简成适合学生就业发展趋势的理论教学内容，从而让学生在将来就业过程中能够具备足够的素质技能和理论知识，适应多个相关工作岗位。

产教融合在教育方面的目标是加强应用型人才的培养，那么与传统教育对教师的要求相比也提出了新的要求，教师在具备扎实的理论知识的同时要有较强的实践应用能力。地方院校要根据产教融合发展的动向，强化双师型教师队伍的建设，通过“走出去，引进来”的政策，积极引进兼职教师，最终组建充满活力的教师管理队伍。

高校的教育属性决定了其师资队伍能力方面的特殊性。在地方本科高校中，教师们除

了要具备一定的教学技能，还需要具备一定的生产实践能力。如果同时拥有这两项技能，对产教融合培养模式的开展无疑是非常有帮助的。因此，地方院校应该从师资队伍的建设上，强化地方院校中“双师双能型”教师队伍建设。在强化“双师双能型”教师队伍建设的过程中，要强化对教师的培训力度，制定一系列师资队伍建设政策，引领提高学校“双师双能型”教师队伍整体水平。同时，在“双师双能型”教师队伍建设过程中，不能片面地追求双职称或者双证书，而是应该要求教师要有深厚的理论知识水平和熟练的生产操作经验。地方院校要为教师提高实践能力提供培训平台、时间和物质保障，让教师的整体素质能力得以提高，从而提高整体“双师双能型”教师队伍的素养。

在“双师双能型”教师队伍建设过程中，要不断完善配套机制，特别是激励制度和制约制度。在激励制度方面，高校可以通过物资激励和精神激励两种办法对教师队伍的教学技能、生产技术等熟练程度进行考核，以激励教师积极参与到产教融合、协同育人工作中去。在制约制度方面，要以破“五唯”为契机，以专业技术评聘为导向，对教师投入产教融合的教学活动、教学研究和教学质量进行标准评定，重视实践环节和应用能力方面的评定工作。在“双师双能型”教师队伍管理过程中，要不断完善工作考核制度，持续推动教师在产教融合教学改革过程中不断在教学实践和教学能力上发力，让教师在教学、科研中有章可循、有规可循，带动提高地方院校产教融合、协同育人质量。

在“双师双能型”教师队伍建设中必须坚持“走出去、引进来”政策并用。产教融合是地方院校改革的指挥棒和方法论，是时不待我的战略选择，一支高素质的“双师双能型”教师队伍是检验产教融合效果的标志和关键。但是，当前地方院校教师队伍整体上还是以传统的理论教师多，具备实践应用能力的教师不足。这一现象不可能在短时期得到有效缓解，对产教融合的开展无疑起着阻滞作用。因此，在“双师双能型”教师队伍建设上，要积极地从社会上、企业中、行业内引进实践能力较高的兼职教师，以弥补教师队伍实践能力方面的不足。这样可以有效地帮助学生了解生产一线实践所需具备的技能知识，还能让教师及时了解技术前沿和企业的人力资源需求，反过来及时调整教学内容。

三、构建多方资源共享体系

（一）以市场需求为导向的专业布局

专业是人才培养的平台，反映人才培养特色和办学定位。地方院校在布局专业时要充分考虑自身发展水平，行业企业人才需求和学生就业环境，因此，地方院校产教融合的基础是要合理规划专业布局与设置。

首先，专业布局要与地方经济社会发展需求相匹配。地方院校的人才培养定位和培养目标决定了其人才培养规划和发展战略，先要明确专业是否与地方经济社会发展对口衔接。因此，学校要采取相应的专业设置预警机制，设置专业要看是否以市场需求为导向，是否从社会需求出发，要灵活设置专业或专业方向，使高校专业布局与地方经济社会发展和产业结构形成合力对接，避免出现高校专业结构与地方产业结构发展不均衡、比例不协调的局面。

其次，专业布局要充分挖掘行业特色。很大一部分地方院校都是从行业划转而来，一些非划转院校在长期服务地方经济社会发展过程中也形成了具有地方产业特色的发展定位和人才培养特色。因此，产教融合要深挖地方院校的专业特色，大力发展具有特色和优势的专业，打造专业聚集群。只有这样才能更好地培养本校的特色人才，培养出更多符合行业发展需要和地方经济社会发展的毕业生。同时，地方院校在适应产业发展和地方需求的过程中还要注重自身特色的凝练，切忌随波逐流和盲目追求跨越式发展，要以特色、优势专业为基础打造符合自身实际的专业特色群。

同时，专业建构要形成均衡的人才供需结构，避免行业企业对人才的需求出现供不应求或者供大于求的情况。这就要求地方院校在规划专业的过程中，要及时调整招生规模，确保学校在专业设置和产业结构方面处于协调状态，从而保证地方院校毕业生的就业率和就业质量。

（二）突出实践的教学体系

地方院校要从完善教学体系入手，积极探索出适合产教融合、协同育人的教学模式。

实践是产教融合战略实施的有效途径，要继续巩固卓越工程师教育培养计划实施以来的成效，在教学模式上正确处理好理论课和实践课的关系，不断完善理论课授课方式与方法，加大实践课和实训课的比重，在实践和实训中传授理论知识，处理好理论课和实践课的衔接；要建立专业的有校企联合参与的组织指导机构，参与学校人才培养方案制订和教学模式的完善，结合行业企业对人才的需求，结合专业标准不断调整人才培养目标、课程体系、实践体系和考核制度等，以此促进完善学生的知识技能；要探索比较弹性化的学习机制，在学分制的教育教学机制下，打造模块化的选修课程体系，从而为学生提供更多的选择。

课程体系是产教融合、协同育人的关键环节，是产教融合能否取得实效的基础因素。地方院校的办学宗旨是为地方经济社会发展和行业企业发展服务，这就要求地方高校树立培养应用型人才的课程体系建设理念，开设课程首先要深入了解行业企业、地方发展需求，把握行业发展所需人才的技能、素质、知识等，以市场需求为导向开设课程，培养出社会发展需要的应用型人才；坚持以学生为本，构建针对学生个体身心发展，以学生能力为参考依据的课程体系；在课程体系建设过程中，要从整体上进行优化，明确选修课、必修课的关系，注意课程承接功能，把握好课程的设计目标和整体育人作用，避免学生无法掌握课程之间的逻辑关系，无法掌握知识之间的衔接。在产教融合过程中，要改变传统的教学模式，做好教师、学生与企业工程师、生产一线之间的需求相对接，提高课程有效度。

（三）提高社会参与程度

企业参与是产教融合的最大优势，要保证企业在产教融合的主体作用和能动性，保障企业持久参与的积极性，保障产教融合人才培养的无缝连接。

企业在参与产教融合的过程中，需要明确自己对人才的切实需要，然后根据这种需要与地方院校产教融合相关教师一起制定产教融合的制度、章程、内容等，从而让学校培养出来的学生能够满足企业需求；同时，企业在参与产教融合的过程中，还应该建立各种学习型组织机构，企业可以为学校产教融合的教师、学生提供更多的实习岗位和适应市场的机会，让教师在教学过程中能够宏观地把握应用型人才培养方向，让学生能够没出校门就拥有足够的生产实践经历，从而在未来更好地为其服务。企业在参与产教融合的过程中，还可以多开设一些产教融合的研讨会、总结会议，让企业的员工、管理人员也能够从中学到更多企业生产所需的理论知识，拓宽企业员工的知识面。

企业作为产教融合的重要参与者，在为高校人才培养贡献力量的同时，还能为企业自身打下良好的人才储备基础，更能提高企业的社会形象，树立企业在市场中的威望。因此，企业在校企融合中转变观念至关重要。企业应在产教融合中将管理制度、经营理念、竞争意识等纳入地方院校产教融合的教学内容中，促进地方院校产教融合培养机制能够与企业正式对接，也有利于产教融合在企业的支持下进步发展；企业在参与产教融合的过程中，还应该树立自己的品牌文化，营造整个企业的文化素养氛围，使企业的员工积极地参与到产教融合培养中去，主动到地方院校学习深造，可以促进企业形成浓厚的学习氛围。在参与产教融合过程中，企业还应该为地方本科高校提供资金、技术等方面的支持，使地方院校与企业之间的产教融合模式能够在双方共赢的良性互动中开展起来。

（四）建立健全政府保障体系

政府的积极参与与引导可以确保地方本科高校教学质量的稳定增长，以保障产教融合的顺利实施。政府的保障体系包括保障与投入、制度保障体系和监督管理制度三方面。

经费保障是产教融合实行的基本动力。政府部门应该意识到经费在产教融合培养过程中的地位，加大产教融合经费投入比重，改善长期以来地方院校资金投入相对拮据的现状，使地方院校能够有足够的经费来构建多样化的产教融合培养模式，保障产教融合培养模式的可持续性；地方政府还应该出台相关的优惠政策和资金资助政策，对产教融合培养模式做得比较好的学校，可给予适当的奖励和经费鼓励，表彰其在服务地方经济社会发展中做出的贡献；同时，在为地方院校提供教育经费方面，政府部门还可以通过建立专项资金支付、财政支付转移、银行贷款免息等手段来实现。

良好的制度保障对促进地方院校和企业产教融合顺利开展具有积极的促进作用。制度的建立不仅可以保护企业和地方院校的合法权益，还能提高企业参与产教融合的积极性。地方政府和相关部门可以在借鉴国外产教融合模式的基础上，从地方院校和地方经济社会发展水平入手，研究制定地方院校产教融合政策细则，引导地方院校产教融合培养应用型人才向深层次发展；在产教融合制度体系方面，要积极引导好产教融合各方面的合作关系，做好利益分配、知识产权共享、职称评聘等方面的工作，保证产教融合的各个组成机构积极、有序地开展产教融合人才培养模式。

政府监督管理可以有效化解产教融合过程中出现的矛盾和问题。只有政府的监督与管理，才能促进地方院校和企业在公平、正义的环境中发展产教融合实施路径，让产教融合各方保障自身合法权益。政府部门应该利用产教融合中有效的行政手段，成立行业协会、教育协会和产教融合协会，由政府部门牵头组成产教融合指导委员会，有效地促进产教融合的发展，对于产教融合过程中出现的问题，政府应该提供相关的指导、咨询和协调工作，从而让产教融合模式具备导向性。

四、完善产教融合评价体系

评估体系是提高地方院校产教融合效率，培养应用型人才不可或缺的组成部分，是促进产教融合取得成效的有效手段。在评估产教融合工作中，要采取多样化的评估手段，注重过程评价，发挥评价的导向作用。

要坚持过程取向评价与主体取向评价相结合的原则。从美国教育学家克隆巴赫开始，教学评估学便将形成性评价作为教育评估方法不断推广应用，试图改变以往的终结性评价。形成性评价是“对学生日常学习过程中的表现、所取得的成绩以及所反映出的情感、态度、策略等方面的发展”做出的评价，是基于对学生学习全过程的持续观察、记录、反思而做出的发展性评价。其目的是激励学生学习，帮助学生有效调控自己的学习过程，使学生获得成就感，增强自信心，培养合作精神。形成性评价使学生“从被动接受评价转变成为评价的主体和积极参与者”。过程取向的教育评价把教育过程的全部情况纳入教育评估范围，强调评估过程本身的价值。因此，教学过程的评估，主要在教研室层面进行，教学过程包括专业培养计划的执行、课堂教学的组织与管理、考试与考核形式的改革、教学大纲的制定与执行、能力培养与专业建设、实习实训教学等环节。

在产教融合过程中，严格遵循高等教育的质量标准，强化实践教学，通过提高教学过程质量来保障人才培养目标的实现。主体取向的教育评估，强调评估不是依靠外部力量的控制和推动，而是每个主体通过对自己行为的反省获得主动发展，主体的发展由自己主导，主体是自主与责任的统一。在产教融合过程中，教师承担产品生产者的角色，是教学过程和教学计划的最后执行者，教师教学能力决定学校教学质量和发展水平。地方院校教师的教学工作评估体系，应该以教师的素质水平、工作质量、工作成果作为最主要的评估指标。主体取向的教育评估在本质上受“解放理性”观点支配，倡导对评价情景的理解而不是控制，以人的自由解放作为评估的根本目的，主体取向的教育评估，主要用于对教学主体即教师的评估。过程取向评估的优点是关注过程的变化，寻找变化的原因，过程取向评估的评估指标覆盖教学过程的方方面面，强调教研室是组织教学活动，落实各项教学管理制度、规范，保障教学质量的基本单位。

在产教融合过程中，还要坚持形成性评估和终结性评估相结合的原则。形成性评估包括考勤、作业、测验、测评和实训等考核形式。终结性评估，采用教考分离的形式进行。形成性评估要全面化、多元化，评估内容和评估方式应发挥想象力和创造力，要将注意力转移到学生发展过程中，关注学生成长。不仅要有教师对学生的评估，还可以采取学生的自我评估和合作评估。通常来说，可采用的评估方式有学生自评、学生互评、教师评价、企业评价等，在评估结果中各占相应的比例。通过多元化的评估方式，可以帮助学生更全面地认识自己，提高学习动力，树立学习目标与信心，实现多元化的自主发展。

评估方式的改变会直接导致教学形式的改变，在注重形成性评估的体系下，教师会主动开发丰富多样的教学内容，采取生动有效的教学形式，而学生也会充分参与到日常学习中来，以积极的态度完成各项任务。这样的评估方式运用到产教融合教学模式，才能真正地促使实践能力提升，促使校企真正成为实训交流的重要场所。

第七章　地方院校产教融合赋能乡村振兴实证研究——以某地方院校为例

本章以某学院为例，对地方院校产教融合赋能乡村振兴进行实证研究。首先，对国内外院校参与乡村振兴实践的情况，日照职业技术学院产教融合赋能乡村振兴的背景进行分析，其次，研究了日照职业技术学院产教融合赋能乡村振兴的实施情况，最后，提出新时代地方院校产教融合赋能乡村振兴的举措。

第一节　国内外地方院校参与乡村振兴实践的情况分析

一、国内地方院校工会助力乡村振兴的创新举措

随着我国经济社会发展进入新阶段，我国社会的主要矛盾已经转化为人民日益增长的美好生活需要和不平衡不充分的发展之间的矛盾。实施乡村振兴战略是化解我国社会当前主要矛盾的重要着力点，是当前“三农”工作的总抓手。地方院校在社会发展过程中承担着科学研究、社会服务和人才培养三大职能。此外，地方院校需要扮演参与、维护、建设和教育四项基本角色。乡村振兴战略的顺利实施，离不开教育的支持，尤其是离不开高等教育在人才培养、技术推广、服务社会等方面的重要支撑作用。随着脱贫攻坚与乡村振兴有效衔接的不断推进，乡村振兴战略的实施对地方院校提出了新的需求。因此，进入“后扶贫时代”，地方院校助力乡村振兴的模式也需要紧跟时代的步伐不断进行完善。

地方院校工会作为地方院校整体系统中的一部分，也是执行和完成地方院校在乡村振兴方面重大历史使命的承担者之一。地方院校工会在维护职工具体利益的同时，需要引导广大职工群众充分利用地方院校教育资源，积极参与乡村振兴。地方院校工会组织具有特殊的、明显的优势，组织体系优势、工作阵地优势和联系群众的优势在逐步深入参与脱贫攻坚和乡村振兴的过程中已经开始显现，尤其是在消费扶贫等工作方面发挥了巨大作用。在乡村振兴阶段，地方院校工会依托其独特的角色和定位，在履行服务社会职能和提高教

育帮扶水平上发挥作用，探索新阶段帮扶工作新方法，聚焦地方院校参与乡村振兴的新意见、新战略，助力国家乡村振兴重点帮扶县的全面发展与全面振兴。

（一）地方院校工会组织参与扶贫工作面临的现实问题

在全面打赢脱贫攻坚战中，地方院校工会在消费扶贫、科技扶贫、教育扶贫等方面做出了一定成绩，也参与了信息扶贫及人才干部培训等扶贫项目。党的十九届五中全会指出，“十四五”时期要优先发展农业农村，全面推进乡村振兴；实现巩固拓展脱贫攻坚成果同乡村振兴有效衔接；在西部地区脱贫县中集中支持一批乡村振兴重点帮扶县，增强其巩固脱贫成果及内生发展的能力。面对新阶段、新形势、新要求，地方院校工会将面临新的挑战，纵观地方院校工会在脱贫攻坚阶段的工作，还存在以下现实问题。

1. 参与度低，动员引导不够

首先，部分地方院校工会对于扶贫工作的参与感不强，教职工、广大管理干部的热情没有被激发，没有很好地发挥教育引导作用，地方院校思想先进性未完全体现。其次，对脱贫地区的需求了解度较低，地方院校工会的很多工作举措只是建立在对脱贫地区的固有认识上，对脱贫地区的调研了解不足，更未建立全面的地方院校工会参与机制，没有很好地发挥组织优势，更没有转化为实实在在的推动力。所以，部分地方院校工会、教职工、管理干部在扶贫工作中的参与度不高，引导力较弱，造成了在扶贫工作中地方院校工会系统边缘化。

2. 参与面窄，参与维度有待拓宽

当前，大部分地方院校工会只是参与了消费扶贫，认为地方院校工会参与脱贫攻坚就只有“以购代捐”这一种形式，未深入脱贫一线了解真正的国情、社情、民情，未深入探析贫困地区的实际需求。要想防止脱贫地区返贫，彻底摆脱贫困，消费扶贫这种单一的方式是远远不够的。在扶贫过程中，教育扶贫是根本，产业扶贫是基础，科技扶贫是支撑，健康扶贫是保障，信息扶贫、人才培训等都是推动脱贫地区实现与乡村振兴战略相衔接的重要举措。要想保证脱贫后能稳定发展，不返贫，需要建立健全的体制机制，才能保障脱贫地区具有持续不断的造血功能。因此，地方院校工会必须逐步拓展参与面，拓宽参与维度，全方位发挥优势助力乡村振兴。

3. 参与层次浅，效果不明显

扶贫工作是一个系统性工程，实施乡村振兴战略更要用系统性思维去思考、去谋划。现阶段，大部分地方院校工会组织参与的只是扶贫工作的一小部分，如单纯购买及帮销贫困地区农产品。实际上，地方院校工会组织可以发挥更大的优势帮助贫困地区销售农产品，也可以组织相应的专家教授及广大青年教师进行产业发展咨询、深化产业链、组织营销策划、协助处理信息技术问题、设计产品包装增加产品附加值。在科技扶贫中，不仅是动员教授带领学生开展调研，而是要结合实际将科研成果转化落地在贫困地区的产业发展及经济社会发展中，开展联合科研攻关，破解贫困地区真正“卡脖子”的问题。

4. 体系化和特色不明显

现阶段的扶贫工作往往是按照文件指示和考核指标进行安排部署的，地方院校工会参与也仅仅只是完成部分任务，并未形成具有工会自身特色的帮扶体系，这会导致帮扶工作的精准性及专业性不足，不能很好地发挥自身特色，同时在充分挖掘帮扶地区特色资源禀赋方面也存在短板，激发群众内生动力的作用及效果不显著。在“后扶贫时代”，要想实现脱贫攻坚与乡村振兴战略的有效有机衔接，需要一个完整的明确的帮扶工作体系，更着重于发挥工会自身的特色优势。

（二）地方院校工会助力乡村振兴的创新性实践对策

1. 了解帮扶群体需求，打牢乡村振兴思想根基

要想实现乡村振兴，首先要了解帮扶群体的需求，解决人民群众关切的问题。地方院校工会通过协调教职工系统，发挥地方院校文化传播的作用，深入挖掘思想传播优势；通过讲解乡村振兴政策，了解乡村振兴的内涵、实现乡村振兴的途径，树立实现乡村振兴的信心和决心等，为乡村振兴打牢思想根基，在思想层面上对帮扶群体进行引导。

2. 协调地方院校科研资源，科技助力乡村振兴

地方院校工会应协调广大青年职工委员会，鼓励更多的教师及管理干部谋划脱贫攻坚与乡村振兴的有效衔接，引导更多的科研人员、科技力量到乡村振兴一线，探索教育振兴乡村新途径。同时，地方院校工会应发挥组织优势，协调地方院校的“智囊团”深入基层一线，为国家乡村振兴重点县的经济、社会及产业发展等提供技术指导及服务咨询，深入探索各项科研优势与乡村振兴的融合点和提升点，用科技的力量推动乡村振兴发展。

3. 动员广大业务能手，提振乡村振兴信心

首先，地方院校工会可组织大范围、有深度的农民工劳动培训，找准市场空缺，不断提升帮扶地区群众的市场竞争力。其次，地方院校工会可动员劳模及劳动竞赛中的业务能手，通过宣传脱贫攻坚的伟大成就及乡村振兴战略的伟大历史意义，提振帮扶地区群众实现乡村振兴的信心。最后，地方院校工会应发动更广泛的力量支持自主就业创业的群众，主动为这部分群众争取更多的资源和优惠政策，保障他们能顺利起步并稳定发展。

4. 加大消费扶贫力度，持续带动脱贫地区经济发展

地方院校工会应继续扩大脱贫地区基本农产品的采购及消费力度，鼓励广大教职工通过消费扶贫专柜以及“扶贫 832”“e 帮扶”等平台采购贫困地区农产品，开设扶贫窗口，并在广大师生中积极宣传表彰扶贫工作中涌现出的典型职工代表及感人事迹，扩大消费扶贫工作的影响力。同时，地方院校工会应创新组织模式，深化拓展帮扶途径，加强与其他

部门扶贫工作的协同创新，催发新的生产力及工作动力。

5. 发挥工会职能特色，为脱贫地区开展法律宣讲

地方院校工会可开展法律咨询及法律知识宣讲，帮助和支持脱贫地区人口在遇到问题的时候，拿起法律武器来保护自己的合法权益。例如，地方院校工会可以有组织地对群众开展民法典宣讲，培养脱贫地区群众知法、守法、懂法、用法的意识。

6. 将职工疗休养与“乡村振兴”相结合，打造特色品牌

一方面，脱贫地区应围绕乡村振兴总体要求，联合旅游、农业农村等部门共同打造职工疗休养基地，依托县域特色资源禀赋深入挖掘特色文化，培育具有当地特色品牌的疗休养及康养基地，将当地的特色资源禀赋真正转换为带动乡村振兴的动能和催化剂。另一方面，地方院校工会要着眼于大扶贫格局，拓展疗休养基地，将更多国家乡村振兴重点帮扶县的疗休养基地纳入地方院校工会教职工疗休养基地名单及范围。同时，着力于品牌推广，吸引和推进更多的地方院校及企事业单位参与疗休养基地建设及消费活动。

二、美国赠地学院对高等院校助推乡村振兴的情况

赠地学院促进了美国农村经济发展的腾飞，对我国高等院校助推乡村振兴，有着重要的借鉴意义。政府层面要加强顶层设计，秉持公平性原则，强化高等教育通向乡村的外部环境保障，包括建立健全相关政策法规，创造宽松的环境，为高等教育通向乡村给予支持与监管；高等院校需认真借鉴美国赠地学院的成功经验，主动适应经济社会发展和人民群众的需求，响应国家乡村振兴战略的号召，结合学校自身特点和地方乡村发展实际，发挥高校的人才培养、科学研究、社会服务与文化传承职能，为乡村振兴提供人才支撑与科技支撑。

（一）美国赠地学院创建与发展

1862 年美国的《赠地学院法案》以及后来的一系列修正案和后续法案，诞生了一批赠地学院，是联邦政府资助高等教育的一个重大创举，开启了美国高等教育的新模式。轰轰烈烈的赠地学院运动取得了巨大的成功，既使美国高等学校的数量得以增加，又极大地促进了高等教育结构的多样化，诞生了美国高等教育系统中极具特色的部分——赠地学院系统。

1. 赠地学院办学特色

1862 年的《赠地学院法案》中表示：“根据 1860 年人口统计结果分配给各州的联邦参议员、众议员名额数，每有一个联邦参议员、众议员名额，该州就将获得 3 万英亩联邦拨付的公共土地”“各州出售所获联邦赠地及土地券之全部收入须投资于联邦或各州发行的各种安全的股票”“要用所获之利息至少设立并维持一所学院，该类学院主要教授农业、

工业和军事战略方面的知识，此外也传授古典知识和科学知识”❶。此后，联邦政府又陆续出台了一系列修正法案和后续法案，以推动赠地学院的发展。

赠地学院以开展农工职业技术教育为主要目标。赠地学院以发展农业和机械教育为主，“不排除其他科学和古典课程，而且包括军事战术，教学诸如与农业和机械技巧有关的学科分支……以便工业阶级在生活中的若干事务和职业促进普通教育和注重实践的教育”❷。除了发展农业、军事与机械教育外，1862 年的《赠地学院法案》极大地促进了美国高等职业技术教育的发展，“各州普遍建立赠地学院，这对高等技术教育是一个巨大的推动”❸。

美国赠地学院以“三农”问题为核心。每次颁布的赠地学院相关法案都是为了解决农业问题、农村问题、农民问题，敦促赠地学院加强对农业科学的研究、农业知识的推广。随着一系列相关法案的实施，美国除阿拉斯加之外的各州和领地都有高校获得赠地学院法案的资助，这些接受资助的高校大多都开设了农学专业。通过上述相关法案，不难看出，无论是教学、科研还是服务的推广工作，赠地学院都是以解决“三农”问题为核心，这与我国实施乡村振兴战略的初衷不谋而合。

一方面，赠地学院运动兼顾区域高等教育资源的公平性、普惠性色彩浓厚，彰显了公平性价值取向。另一方面，赠地学院的地域分布，对促进乡村经济的发展起到了重要的作用。故无论是从高等教育资源分布的视角，还是从城乡均衡发展的角度来看，美国赠地学院都体现出了浓厚的民主气息，其彰显出的公平性价值取向与我国乡村振兴战略所体现出的价值取向是一致的。

2. 赠地学院的意义

《赠地学院法案》的颁布与赠地学院的产生，孕育了“康乃尔计划”与“威斯康星思想”，继人才培养、发展科学之后，赠地学院拓展了社会服务这一高等院校社会职能，开创了高等院校与社会各领域广泛合作的先例，使高等教育走出“象牙塔”的神坛，与社会生活融为一体。赠地学院促进了美国高等职业技术教育的发展，“赠地运动带来了农业与工程学院（在德国被降为技术学校）、家政学院与企业管理学院；使大学的大门既面向中产阶层和上层阶级子女，也面向农民和工人子女；引进了农业试验站和服务局。”❹ 赠地学院运动的初衷是为美国的工农业服务，使曾受鄙视的农学、工艺等实用学科在美国高等教育中占有一席之地，也使高等教育与社会经济发展的联系更加紧密。赠地学院在实践过程中非常注重技术与成果的推广工作，使美国职业教育提升到高等教育层次。

---

❶ 张斌贤，李子江. 美国高等教育变革［M］. 北京：教育科学出版社，2017，9：88－89.

❷ 克拉克·克尔. 高等教育不能回避历史——21 世纪的问题［M］. 王承绪，译. 杭州：浙江教育出版社，2001，12：193.

❸ 贺国庆，朱文富，等. 外国职业教育史［M］. 北京：人民教育出版社，2014，8：207.

❹ 克拉克·克尔. 大学之用［M］. 高铦，高戈，汐汐，译. 北京：北京大学出版社，2008，10：8－9.

赠地学院为农业发展提供了广泛的社会服务，它开展的农业科学研究为美国农业的发展提供了重要的智力支持与技术保障。毫不夸张的说，赠地学院为美国农业发展提供了数量充足的高素质专门人才，对促进美国农业经济腾飞、实现地区均衡发展起到了不可磨灭的作用。除了少数赠地学院建在大城市或州政府所在地外，美国的赠地学院大多数都建在乡村地区，毋庸置疑，这些赠地学院对推动当地工农业的发展发挥了重要的作用。赠地学院为一些欠发达地区的农业发展提供了强有力的人才、技术等支持，极大地提高了当地农业发展水平，促进了地区均衡发展。

（二）美国赠地学院对高校助推乡村振兴的启示

美国的赠地学院拆除了高校校园的围墙，是美国对世界高等教育的一项创举。“当威斯康星大学的范海斯校长说，校园的边界就是国家的边界时，他是在用语言来描述大学演变过程中的一个罕见的改革创举”[1]。赠地学院对我国高等教育助推乡村振兴具有重要的借鉴意义。从宏观方面看，政府层面要加强顶层设计，秉持公平性原则，强化高等教育通向乡村的外部环境保障，包括建立健全相关政策法规，创造宽松的环境，为高等教育通向乡村给予支持与监管，确保资金投入，在税收上实行优惠政策等；从微观方面看，高等院校需认真借鉴美国赠地学院的成功经验，主动适应经济社会发展和人民群众的需求，响应国家乡村振兴战略的号召，结合学校自身特点和地方乡村发展实际，发挥高校的人才培养、科学研究、社会服务与文化传承职能，为乡村振兴提供人才支撑与科技支撑。

1. *政府层面的启示*

秉持公平性的原则引导高等教育通向乡村。乡村振兴战略，目的在于实现农村现代化，解决人民日益增长的美好生活需要和不平衡不充分的发展之间矛盾，实现全体人民共同富裕。故政府在推进高等教育通向农村的实施中，应借鉴美国赠地学院，秉持公平性原则，政策上向幅员辽阔欠发达的西部地区与少数民族地区的高校倾斜，引导其为周边的农村服务，助推乡村振兴。

大力发展高等职业技术教育。构建高等教育与职业教育体系，为乡村振兴战略添加动力。借鉴美国赠地学院的人才培养定位，立足我国乡村建设与发展中的不平衡不充分现状，加快发展现代职业教育尤其是高等职业教育，推动高等院校加快开放办学的步伐，面向乡村广泛开展教育培训服务；构建服务需求、开放融合、纵向流动、双向沟通的现代职业教育的体系，积极发展多种形式的继续教育，推进学历教育与非学历教育、职业教育与普通教育的沟通衔接，为推进农业现代化和新农村建设添加动力。

以法律的形式启动推进高等教育通向乡村专项计划。美国赠地学院运动之所以能够顺利推进，强有力的立法保障是一个重要的原因。我国政府应借鉴赠地学院的法律保障形

---

[1] 德里克·博克. 走出象牙塔——现代大学的社会责任［M］. 徐小洲，陈军译. 杭州：浙江教育出版社，2001，12：73.

式，启动高等教育通向乡村专项计划，通过立法的途径和乡村振兴战略专项项目的形式，为高等教育通向乡村保驾护航，引导高校的人才培养、科学研究、社会服务通向乡村，实行高校与科研院所的专业技术人员到乡村挂职、兼职和离岗创新创业制度。

加大资金投入。我国政府应借鉴美国赠地学院的做法，设立专项资金，用于高等教育通向乡村，扶持高校围绕农村、农业、农民发展问题，开展教学、科研与农业合作推广工作。

加强监督与管理。美国联邦政府虽然发起了赠地学院运动，但并不参与高校建设的具体事务中，为了确保赠地学院运动的有效开展，在相关法案中明确规定州政府的权利与责任，强化州政府的监督与管理。为了激发地方政府的积极性，我国政府在开展高等教育通向乡村专项计划时，应明确地方政府的权责，形成中央政府宏观监管、地方政府负责专项项目的具体实施，加强地方政府在高等教育通向乡村工作中监督与管理，确保项目取得预期的实效。

2. 高校层面的启示

我国教育学家潘懋元先生认为，“教育要与社会的发展相适应”，即“教育必须受一定社会的经济、政治、文化等所制约，并对一定社会的经济、政治、文化等的发展起作用”[1]，即教育外部规律，高等院校面对乡村振兴战略亟待人才支撑的需求，加强与乡村互动发展，主动融入乡村振兴战略实践中，正是教育外部关系规律的必然要求。

优化专业结构，提升专业结构与产业结构的契合度。专业建设与产业发展有着天然的内在联系，从专业发展的动力来看，“专业的发展动力仅仅来自社会需要”“一个新专业的设置则主要取决于学者对该专业社会需要的价值判断”，[2] 高等院校应主动围绕区域经济发展需求与产业结构需求，全面提高本校专业结构与产业结构的契合度。尤其是地方本科院校与高职院校，应主动对接乡村经济社会发展需求，对当地乡村产业结构、人才需求结构等因素进行系统的调研分析，契合当地农业对技术技能人才的旺盛需求，设置新专业，及时停办那些就业率较低、社会需求不足的专业，提高专业设置与地区人才需求结构的匹配度，提升专业建设与当地乡村经济建设和社会发展的关联度、协调度，提高专业发展对所在区域包括乡村地区经济发展的贡献度，引领、支撑当地乡村经济社会的发展。

大力发展继续教育、职业教育，培养新型职业农民。乡村振兴战略涉及农学、经济、教育、工学、医学、管理等相关专业的人才培养；且在乡村振兴中，农民是乡村建设的主力军，农民素质的高低直接决定着乡村振兴战略实施的成败，农民职业素质教育迫在眉睫。面对新型职业农民队伍建设亟需加强、农民适应生产力发展和市场竞争能力不足的现状，高等院校应凭借其丰富的人才、科技、教育等资源优势，积极投身于农村专业人才队

[1] 潘懋元，王偉廉．高等教育学［M］．福州：福建教育出版社，2013，10：31.

[2] 刘献君．大学之道——刘献君教育论丛（上册）［M］．北京：人民教育出版社，2015，4（6）：283.

伍建设中，为乡村振兴战略提供强有力的人才支撑。为此，高等院校应确立主动区域经济社会发展需求、培养高素质应用性人才的办学思路，对社会需求做出积极快速的反应，需在传统的人才培养模式上进行“伤筋动骨”的改革，包括修订人才培养方案、改革课程体系、改革教学组织及教学制度；积极开展学历教育、学位教育、继续教育与职业培训。首先，调研了解当地农业的发展现状，系统地分析当地农村发展面临的主要问题，并找出解决问题的思路与对策，掌握农民的实际需求，并根据农民需求开发健康、教育、管理、科学、工程等各种课程，有针对性地为农民开展教育培训，培养适应农业现代化与科技进步的新型职业农民。其次，加强学制及学习方式改革，除了传统的课堂方式外，应充分利用互联网信息技术，开设更适合非适龄学生群体的在线开放课程等；积极推进证书课程、学位课程与辅修课程，拓展继续教育课程形式，使广大农村中青年获得学习大学资源的机会，为其提供教育培训和职业发展机会，提升农民职业能力；坚持教育与生产劳动相结合、教育与社会实践相结合，加强实践教学，完善实践教学标准与考核评价标准，提高实践教学比重，强化实践教学管理。

加强对农业、农村、农民发展相关问题的研究，根据当地乡村科技发展需求提供服务。高等院校尤其是研究型大学应利用国家开展乡村振兴战略的机遇，立足国情乡情，发挥自身科研能力强的优势，积极与当地政府、职能部门开展合作，围绕“三农”问题，在教育、科学、能源、环境、健康、经济等领域开展有推广应用价值的科学研究。如水资源、土壤、黏土、矿石、燃料等方面的实验研究，现代农作物、经济作物、绿色生态健康养殖业、水产、林木种植业等方面的研究与开发，数字农业、丘陵山区农林机械以及高端农机装备制造的研发，乡村生态旅游、特色小镇建设、休闲观光农业等方面的研究，再如，老人病学领域等健康问题的研究等，推进科学技术成果转化，将研究成果推广应用到乡村改革实践中。这些研究活动要有针对性，与实际生活密切相关，旨在解决乡村发展中面临的实际问题。此类研究活动既能够为乡村振兴提供雄厚的科技支撑，促进乡村经济社会的发展，又给高校自身发展提供了机遇，在与政府及职能部门合作开展的针对性科研中能够获得资源，提升学校科研水平，使自身能够得到进一步的发展。

提供技术指导、信息咨询与服务，为乡村振兴提供科技支撑。高等院校是社会发展的基础与核心动力，在科技进步与医疗卫生保健等方面居于领先地位，有能力、有责任为当地社会经济发展提供咨询或指导的服务。高校应借鉴美国赠地学院的社会服务功能，强化社会服务意识，为周边乡村普及农业科学知识，提供关于教育、医疗卫生、经济、管理等方面的咨询与服务；通过建立农业试验站、农业推广中心等，积极采取各种方式，形成与现代农业发展相适应的农业技术创新推广网络，开展形式多样的农业技术推广工作，为乡村发展提供切实可行的技术指导，提升农民科技文化素养，为乡村振兴战略的实施提供科技支撑。

传承与弘扬优秀乡村文化，提升农民精神风貌。“任何民族、任何社会的发展都不能离开本土文化的精神家园，中国需要一次精神的回归，需要重新审视我们已有的精神财富。”[1] 文化建设是乡村振兴之魂，高等院校作为社会文化科学的中心，在社会文化发展与传承中发挥着重要的作用。“欲化民成俗，其必由学乎”，首先，高等院校应充分发挥高等教育的文化传播功能，积极开展社区教育，提高乡村思想道德建设水平，提升农民精神风貌。其次，高等院校应发挥高等教育的文化创新功能，利用自身学术自由优势，加强对农耕文化中蕴含的优秀思想观念的研究，加强对乡村传统文化的研究，加强人文精神与道德规范的研究，深入挖掘乡村特色文化符号，加强对地方与民族地区传统工艺产品的设计与研发，促进乡村文化资源的开发与利用，为乡村文化产业与旅游业的发展提供强有力的支撑。最后，高等院校应深入乡村，因地制宜开展文化娱乐活动，丰富乡村文化生活。

第二节　某地方院校产教融合赋能乡村振兴的背景

党的十九大提出实施乡村振兴战略，要坚持农业农村优先发展，按照产业兴旺、生态宜居、乡风文明、治理有效、生活富裕的总要求，建立健全城乡融合发展体制机制和政策体系，加快推进农业农村现代化。2021 年中央一号文件提出“民族要复兴，乡村必振兴”的重大发展主题，要求健全城乡融合发展机制，实施乡村建设行动，由脱贫攻坚向乡村振兴转变。2021 年《政府工作报告》中多次提及乡村振兴，要求全面推进乡村振兴，完善新型城镇化战略。

地方高校是新时代推进乡村振兴的重要力量，日照职业技术学院作为日照本土高职院校，围绕“立德树人”根本任务，坚持正确办学方向，主动融入日照市乡村振兴战略，加强“校地合作”平台建设，深化产教融合、校企合作。以促进人才培养和适应产业发展需求为导向，努力培养高素质技术技能人才，切实服务日照经济社会建设，积极助力乡村振兴。

服务乡村振兴是增强职业教育适应性的应有之义，日照职业技术学院立足供给侧，突出产业振兴、文化振兴、人才振兴、组织振兴四个方面，转变思路、创新模式，搭建舞台、储备资源，变“服务需求”为“优化供给”，为乡村振兴赋能提速提供“日职方案”。2022 年，学校被评为山东省乡村振兴示范性职业院校。日照职业技术学院建校历史悠久，师资力量雄厚，始终坚持扎根地方、服务地方的初心，为日照当地培养了大批高素质应用型人才，为推动我市经济社会发展作出了巨大贡献。希望双方发挥各自优势，在社区教育、财税服务、电商发展、乡村旅游等方面开展深度合作，实现互利共赢、跨越式发展。

[1] 叶澜. 中国哲学传统中的教育精神与智慧［J］. 教育研究，2018（6）：4－7.

2021 年 9 月 25 日，省教育厅与日照市人民政府签署共建日照职业技术学院、推动产教城一体化发展合作备忘录。这标志着省、市共建地方高职院校，赋能日照市产业转型升级，产教城一体化发展，进入了新阶段。近年来，日照职业技术学院全方位发挥职业院校功能，不断将办学融入城市发展，赋能产业转型升级，以教育力量推动产教城一体化发展。

一、职业教育成为产业发展动力源

多年来，日照职业技术学院坚持共生共长的理念，主动融入地方乡村经济发展，把先进的生产实践资源转化为教育教学资源，把教育资源嵌入产业、企业，形成了全方位对接日照区域产业发展的办学格局。目前，该校与园区共建 6 个产业学院，与企业共建 7 个二级学院，建成了 11 个协同创新中心、19 个行业性培训基地。这些产业学院、创新中心、培训基地定位明确、功能鲜明，专业支撑产业发展目标明确，成为日照乃至周边城市产业发展和城市建设的重要动力源泉和活力因素。

二、教育力量催生城市发展新“蝶变”

日照市因港立市、依海而兴，扼海陆交汇之要，据通达九州之便，依托得天独厚的区位优势，着力打造“产业兴市”新布局。日照职业技术学院与城市发展血脉相依，从日照市主、特产业发展切入，先后与 500 余家企业建立了合作关系，与政府部门、行业协会、科研院所和企业深度合作，共建国家级众创空间、省级工程技术研究中心、渔业船员培训基地等，为提升城市发展实力贡献了职教力量。围绕城市发展需要，该校承担了 13 项国家“星火”项目、57 项省部级项目，成为城市发展的科研“排头兵”；承担横向技术服务项目 1000 余项，为城市繁荣发展蓄力造血。日照市东港区文化与旅游研究中心、生物技术产业学院、日照市数字创意产教园等共建项目，与城市发展无缝对接，彰显出蓬勃活力。同时，学校开放课堂资源、文体教育、实验实训和教师资源，面向行业企业员工、农民工、退役军人等开展技能培训。五年来，学校累计开展社会人员技能培训 14 万人次、社区公益性学习服务 130 万人次，技术服务和社会服务到款额超过 1.3 亿元，以教育力量催生了城市发展和产业升级的新“蝶变”。

三、专业建设支撑产业转型升级

日照市以汽车产业集群、钢铁产业集群、绿色能源、海洋渔业等为代表的增量产业蓬勃发展，产能、产值、高端产品占比大幅提升，为学校融入城市布局、产业发展提供了更多选择和机遇，也对人才培养提出了新要求。城市有实力，产业有潜力，职业教育有活力。日照职业技术学院主动融入城市和产业新旧动能转换布局中，开设急需专业 51 个，重点打造了现代海洋渔业、汽车智能制造、通用航空等 10 个专业集群，形成了从“海里”

的水产养殖，到“陆上”的汽车智造，再到“空中”的通用航空，全方位对接区域产业发展专业布局。学校先后与281家规模以上企业建立了校企合作关系，专业支撑产业发展能力不断增强。通过联合举办“日钢精英班”和“山钢订单班”，为两大企业输送高技能人才700余人；与日照威奕、中兴汽车、五征、威亚、坦迪斯、金马等企业深度融合，3000余名毕业生活跃在汽车产业各个领域；与五莲山风景区、莒国古城、海洋公园等30多家景区和旅游企业建立合作关系，为日照市旅游业发展提供了人才支撑和智库支持。

学校全面树立主动服务促进产业升级发展的理念，抓住历史机遇，积极参与到行业的发展和区域的创新体系中去，主动为国家的乡村振兴和地方经济的发展服务，在贡献中求发展、勇创新。

第三节　某地方院校产教融合赋能乡村振兴的实施情况

一、发挥智库人才优势，助推文旅产业转型升级

人文与旅游系积极建设乡村振兴发展研究院、旅游规划与区域发展研究院两个技术技能创新服务平台，充分发挥人才和专业资源优势，组建乡村振兴发展研究团队、大学生乡村振兴实践服务队，在乡村振兴战略规划、项目申报、产业发展、人才培养和乡村文创等方面与地方政府进行全方位合作，围绕乡村振兴战略实施中的重点、热点、难点问题进行长期观察、跟踪研究，解决乡村振兴发展过程中的现实问题，共同打造乡村振兴新标杆。

二、组建电商专家团队，“走出去”助农增收致富

扶贫扶智，大力开展电商助农培训。学校组建农村电商专家团队，采取“走出去”的方式，为有需要的镇街、农村、农户开展一系列有关电子商务的知识和技能培训。学校接受省市人社、民政、农业、商务、共青团等部门的委托，近三年先后组织开展了山东省“三支一扶”扶贫岗前培训班3期，农村农业部新型职业农民电商培训12期、退伍军人及失地农民创业培训15期等各类培训五十余期，累计参训学员10000余人。

三、实践帮扶，电商助农增收致富

学校除了开展公益性电子商务教育培训外，还对农户进行一对一实践帮扶，帮助农户借助电商平台出售滞销农产品，实现增收。近三年来，先后深入莒县的桑园和库山等乡镇、五莲县的高泽和户部等乡镇，帮助农户开设淘宝店铺，组织滞销农产品义卖，解决了近百家农户的滞销问题，受到了当地群众的广泛赞誉。师生组成电商创业团队，通过拼多

多等平台销售海苔、虾米等海产品，年销售额近 1000 万元。

四、搭建“1+N”电商服务平台，教学与实践紧密对接服务乡村振兴。

学校成立智库平台——农村电商研究院，与驻村“第一书记”及乡村振兴服务队密切联系，当好“第一书记”的电商参谋和乡村振兴服务队的电商助手，探索电商助力精准扶贫、乡村振兴的发展模式，加强农村电商的理论研究及经验总结，并输出农村电商学生资源，为开展农村电商提供人才支撑。同时将实践项目带进课堂教学，把真实案例带进校内实训课堂，并编写成校企合作活页式教材，最终实现反哺教学。

五、强化科技研发作用，技术惠企全面开花

2021 年 9 月起，水产养殖技术专业三十余名师生就在日照市范围内开展了水产养殖种质资源普查，这是第一次全国水产养殖种质资源普查工作。为确保普查工作顺利、统一规范、数据真实可靠，参与人员克服了水域情况复杂、面积大、主体信息多且分散等困难，走街串巷，深入到山海天、东港区、岚山区等水产养殖户（企业）开展现场采集相关数据。

组建专家教授助力团，服务区域脱贫攻坚，由 32 名长期与生产一线联系紧密的副高级以上专家教授组成，组建多支科技帮扶团队，搭建“政府＋高校＋企业”的协作桥梁，打通了科技服务的“最后一公里”；组建青年博士服务团，强化科研成果转化，由全系 45 周岁及以下的青年博士组成，服务团成员利用业余时间，发挥自身研究领域优势，以科研成果转化促进企业技术升级、助力农户增收，推动地方经济高质量发展；组建党员帮镇先锋团，规划特色产业发展，在东港区涛雒镇建立党员帮镇先锋团，帮助该镇打造对虾特色产业，规划了系列产业项目。

组建大学生乡村振兴志愿队，搭建扶贫协作桥梁，由广大团员青年组成，深入基层和贫困地区开展寒暑期社会实践和专题实践锻炼；组建“东虾西移”服务西部攻坚队，服务西部发展和乡村振兴，以付宁副教授团队为核心，水产养殖技术专业教师全员参与，在新疆麦盖提县开展澳洲龙虾养殖技术培训，推广养殖技术，为日照市援疆建设赢得了荣誉。

在新的历史发展时期，巩固拓展脱贫攻坚成果，加快推进农业农村现代化，全面推进乡村振兴，持续为乡村的产业、人才、文化、生态和组织振兴提供强大的教育动能，日照职业技术学院自觉担当起服务乡村振兴的责任。未来，学院也将不断拓展发展空间，着力提升发展内涵，形成鲜明的办学特色，提升核心竞争力，增强职业教育的吸引力，找准乡村振兴新路径，努力做新时期乡村新产业、新文明建设的实践者、见证者，为日照精彩蝶变贡献“日职”力量。

第四节　新时代地方院校产教融合赋能乡村振兴的举措

我国是一个农业大国，在社会主义新时代建设中，广大乡村的发展仍然决定着我国整体经济的发展趋向，因此，乡村振兴是国家、社会较为关注的问题。从实际情况来看，国家整体实力的提升离不开乡村的振兴。地方院校是一个地方文化传承与弘扬、技能创新与发展的主要平台。在促进地方经济发展，实现乡村振兴战略的过程中应该充分发挥地方院校的作用，将产教学研融入其中，从文化方面阻断贫穷代际传递，从技能方面激发广大群众开拓创新，从产业方面促使地方经济的快速发展。本节在充分总结地方院校产教学研实际情况的基础上，从以下几个方面探究新时代地方院校产教融合赋能乡村振兴的举措。

一、关注地方院校的“产”，合力发展乡村产业

从地方经济发展的情况来看，不同的资源环境会延伸出不同的产业，而地方经济要得到有效的提高，关键就在于管理者能不能促使其地方特色产业得到进一步的发展，并在发展的过程中实现更加有效的进步，为乡村振兴打牢产业基础。

比如，在一些盛产葡萄的地方，其酿酒业就会非常发达，乡村产业发展也就有了一定的方向。鉴于这种情况，地方院校在进行专业设置的时候应该与当地的“产业”进行有效的融合，力求从“产”的角度去进行实践和创新。地方院校应针对乡村振兴的产业发展需求，设置特色专业，并将地方产业的发展纳入农业生产研究的过程中，让高校特色专业以广大乡村产业发展为舞台，使高校特色专业的作用在助力乡村振兴战略中得到有效的发挥。

在市场经济的不断刺激下，一些乡村会充分挖掘可用资源，积极发展和壮大相关产业，为当地经济的发展注入活力。而从国家整体经济发展的情况来看，地方特色产业的发展无疑为国家经济社会的进一步发展打下了坚实基础。但是随着社会的发展，这些曾经如雨后春笋一般涌现出的产业却遭遇了发展瓶颈，一些地方原本的优势产业也逐渐销声匿迹。归根结底，这是因为产业在发展的过程中缺乏先进思想、技能、理念的引领。针对这种情况，地方院校应该深入乡村进行调研，对当地的产业优势进行全方位的梳理，然后再根据实际情况，采取设置特色专业等措施，促使当地产业能够借助先进的知识、技能、理念等获得发展，同时促使乡村振兴战略得到进一步的落地。

二、关注地方院校的“教”，助力乡村发展实践

地方院校通过科学合理的教育，能够让学生在学习理论的同时成为一名技能高手。地

方院校的教育教学关系着当地教育教学水平的提升，关系着乡村发展原动力的壮大。一般情况下，地方教育教学质量的提高与当地经济发展、文化建设、社会建设呈正相关关系，因此，地方院校中的教师必须要主动承担起助力地方经济发展、助力乡村振兴的重要责任。地方院校教学应该以培养实用型人才为主要方向，应该积极与地方经济发展进行有效融合。换句话说，地方院校应深挖地方经济特色，将教育教学与乡村发展实践进行有效融合，让学生在学习的过程中能够立足当地经济发展实况，让其主动将所学习的知识融入乡村振兴过程中，促使乡村振兴发展能够得到更先进的文化、技术、理念的引领。

地方院校可以根据当地乡村振兴过程中的产业情况来开展项目式教学，引导学生在学习理论的同时积极参与乡村振兴的子项目，让他们将自己所学的理论知识与乡村振兴子项目进行有效融合，让高校专业教育与乡村振兴实践进行结合，同时也让学生在实践中进行总结和完善，促使其能够更加有效地提升自己，使其形成为乡村振兴贡献力量、积极创新的思维理念，最终促使乡村振兴战略在地方院校的助力下得到快速有效的实施。

地方院校教育中的教学应该立足于地方经济发展的实际情况。地方院校应该积极采取措施来构建关于“教”的项目以及“教”的任务，让高校教育能够在地方经济发展的过程中获得全方位的进步，同时也让乡村振兴战略在落实的过程中得到地方院校的助力，为乡村发展营造良好的文化和氛围，让乡村振兴战略能够在地方院校参与的实践中获得全方位的落地与提升。

三、关注地方院校的“学”，培养乡村发展人才

地方院校在社会发展中承担着培育人才的重要职能。在乡村振兴的过程中，高校应该将人才培养与社会实践进行全面的融合，为乡村振兴培养更多的实用型人才。

地方院校应该立足于当地的经济、产业、文化等发展情况，设置与地方发展相符合的人才培养模式，在专业课程方面应尝试进行积极的改革和创新，让专业课程与当地的产业发展进行有效的融合，为乡村振兴战略的实施提供有效的人才保障。少数民族地区的地方院校应该结合当地的经济、社会发展情况，设置相应的民族发展史、产业未来发展探究等专业。地方院校要加大对当地学生的招生力度，根据当地的企业、产业所需要的人才来制定培养计划，为地方经济的发展输入更多的专业性人才，并确保这些人才能够为企业、产业的发展作出应有的贡献。

在社会经济发展中，人才是关键。地方院校作为当地文化、技能以及价值观的主要继承和弘扬平台，应该高度关注人才在乡村振兴中的作用，并以积极主动的姿态培养能够脚踏实地、扎根于地方、积极主动参与乡村振兴的人才，这样才能够确保乡村振兴战略在地方院校产教学研的助力下得到全面有效的实施。

四、关注地方院校的“研”，促进乡村发展创新

地方院校作为当地科学研究的主要高地，不仅需要进行一丝不苟的教学，还需要积极

进行科学研究，这样才能够充分展现出知识的价值和引领力。地方经济发展究竟该何去何从、乡村振兴中的产业项目该如何进行选择、乡村振兴过程中该采取怎样的管理措施等问题，都是地方院校需要高度关注的。这样才能够促进乡村实现创新发展，也才能够真正地让乡村振兴战略得到全面有效的落实。

地方院校可以开展科研项目征集活动，引导学生在学习的过程中积极主动地融入地方文化、经济、社会发展之中，然后用自己的专业优势去进一步深挖地方产业的潜在价值，并以此为专题来进行科学研究。地方院校可以从科学研究的角度出发，充分结合当地资源优势、产业产能等促使乡村振兴战略的实施。

科研活动能助力社会发展。良好的科研项目能够为乡村振兴战略的实施提供新思路和新方法。因此，在地方产业发展的过程中，地方院校应该积极主动地去进行科学研究，并在充分利用当地资源的情况下实现高校专业的全面发展，使这些研究成果能够更好地融入乡村振兴之中，地方经济在高校的助力之下得到发展，使乡村振兴战略得到文化、技术、管理理念等方面的支持，从而确保乡村振兴在地方院校的科研实践中得到进步。

教育关系着国家的未来发展，促进着民族精神的传承。地方院校作为现代教育体系中的重要组成部分，其在提高人们思想素质、文化素质、生存技能等方面都起到了举足轻重的作用。因此，地方院校应该充分结合乡村振兴战略的基本内容，结合较落后地区的具体情况，大力推进产教学研融合，以便从根本上改变当地的面貌，促进地区经济的发展，全面实现乡村振兴目标。

参考文献

[1]朱顺莲,黄群娇,王年英."乡村振兴"背景下地方本科院校产教融合实施与效果分析——以广西民族师范学院为例[J].广西民族师范学院学报,2022,39(4):37-44.

[2]苏华.关于深化产教融合、加快发展高等职业教育的思考[J].教育与职业,2018(2):5.

[3]李彦青.利益相关者理论视角下的产教融合[J].中国成人教育,2018(4):18.

[4]邵坚钢.基于利益相关者理论的职业教育产教融合路径探析[J].教育与职业,2017(21):47.

[5]万兵.产教融合背景下高职校企合作的问题与路径[J].教育与职业,2019(8):37.

[6]朱旺生,程涌泉,王洁,等.产教融合背景下地方院校农科专业实践教学改革探索——以霍山石斛产教融合基地应用为例[J].皖西学院学报,2022,38(5):7-11,44.

[7]高燕,陈小辉.地方院校产教融合实施路径探讨[J].教育现代化,2018,5(53):154-155.

[8]郑秀梅,闫有喜,许竣.应用型本科院校产教融合培养模式探析[J].钦州学院学报,2018,33(10):62-66.

[9]赵珏,张胜,季洁,等.地方高校新工科产教融合协同育人机制研究[J].中阿科技论坛(中英文),2021(2):57-59.

[10]唐国丽,王远干."校企合一、产教融合"人才培养模式及其实现策略[J].经营与管理,2018(9):155-157.

[11]张仕青.高职院校产教融合"双元"育人探索[J].湖北开放职业学院学报,2022,35(24):156-158.

[12]郑爱泉,刘颖沙,周磊,等.职业院校产教融合实训基地建设初探[J].杨凌职业技术学院学报,2022,21(4):47-49,57.

[13]陆怡君.乡村振兴人才培养重在产教融合[J].中国农业资源与区划,2022,43(8):227,246.

[14]张莉.乡村振兴背景下职业教育产教融合人才培养路径研究[J].农村经济与科技,2022,33(14):246-248.

[15]李姣琦,朱新杰.乡村振兴背景下高职院校旅游管理专业产教融合模式创新研究[J].辽宁农业职业技术学院学报,2021,23(6):11-14.

[16]朱忠义,郭广军,周凌博.高职教育产教融合赋能乡村振兴战略的问题与推进策略

[J].教育与职业,2021(15):12－18.
[17]邱军.产教融合助力乡村振兴[J].当代江西,2021(4):57－58.
[18]张旭刚.乡村振兴视阈下农村职业教育产教融合质量评价体系构建[J].职业技术教育,2020,41(31):48－53.
[19]张旭刚.乡村振兴战略下农村职业教育产教融合发展动力机制研究[J].教育与职业,2019(20):19－26.
[20]党东民,朱礼好.深化产教融合助力乡村振兴[J].农机市场,2019(11):33.
[21]王慧.产教融合:农村职业教育发展方向[J].教育研究,2018,39(7):82－84.
[22]柳建华.校地协同育人与乡村振兴:保障措施与实施路径——高等职业教育的视角[J].苏州工艺美术职业技术学院学报,2019(2):40－43.
[23]李振陆,叶琦,尹江海.农林院校产教融合服务乡村振兴战略的探索与实践[J].中国农业教育,2018(3):15－19,97.
[24]吉文林.农牧高职产教融合服务乡村振兴战略的思考与实践——以江苏农牧科技职业学院为例[J].中国农业教育,2018(4):19－22,98－99.